우리집 꼰대

1판 1쇄 인쇄 2016년 3월 20일
1판 1쇄 발행 2016년 3월 25일

지은이 EBS 다큐프라임 우리집 꼰대 제작팀

펴낸곳 (주)에픽캔
펴낸이 이유범
외주 편집 주인공
출판등록 제 2014-000147호
주소 서울특별시 영등포구 양평로 118 4층(양평동 4가, 휴라이프 빌딩)
전화 02)6004-5077
팩스 02)2679-5077
e-mail info@epican.net

영업마케팅 와우라이프
판매문의 010-3013-4997
팩스 02)334-3694

ISBN 979-11-954112-1-4   03810
값 13,000원

* 이 책의 출판권은 에픽캔에 있습니다. 저작권에 의해 보호받는 저작물이므로 무단 전재와 무단 복제를 금합니다.
* 잘못 만들어진 책은 구입하신 곳에서 바꾸어 드립니다.

잘나가는 웹툰 작가 3명이 들려주는 우리집 꼰대 이야기

우리집 꼰대

웹툰 다큐

EBS 다큐프라임 우리집 꼰대 제작팀 지음

에픽캔

머리말

당신의 꼰대는 안녕하십니까?

 아마, 나이가 많든 적든 누구도 자신만큼은 꼰대가 아니라고 말하지 않을까 싶습니다. 하지만 어느 순간 자신의 모습이 꼰대의 그것이라는 사실을 알게 되는 불편한 진실을 마주하게 됩니다. 그 이유가 현실적인 상황 때문이든, 세월 때문이든 달라진 우리 모습을 발견하고는 놀라게 됩니다.

 "삶이 힙합'이라고 믿었지만, 대학 원서를 쓰는 아들에게는 적성보다 취업과 장래가 보장되는 학과로 가라고 강요할 수밖에 없더라"고 하던 1980년대 힙합 댄서 출신인 어느 아버지의 고백은 현실의 벽을 느껴본 사람들이라면 모두 공감할 수밖에 없는 얘기일 겁니다.

 아시다시피 꼰대는 사전적으로 '늙은이' 혹은 '선생님'을 지칭하는 은어입니다. 내게 붙으면 불쾌하지만, 은근 친근한 면도 없지 않습니다.

 그 어원이 무엇이든 간에 중요한 건 언제부턴가 '꼰대'들은 마치 이 사회에 유해한 존재인 양 인식되어지고 있다는 겁니다. 물론 어디에서 만나는 꼰대이냐에 따라 다르겠지만 말입니다.

 웹툰 다큐 〈우리집 꼰대〉는 다른 누구도 아닌 '우리 집에 사는 꼰대', 즉 '아버지'에 주목한 다큐멘터리입니다. 누구보다 가까운 관계지만 언제부턴가 마음의 거리가 멀어지는 존재인 아버지. 당신 경험을 바탕으로 당신이 옳다고 믿는 길을 자식에게 일방적으로 강요하는 '우리 집 꼰대'가 정말로 유해한 존재인지 돋보기를 들이대어 보고자 한 것입니다.

'그렇다면 아버지는 왜, 어떻게 꼰대가 되는 걸까?'
우리는 이러한 질문을 가진 각기 다른 연령대의 웹툰 작가를 프로그램의 화자로 등장시켰습니다.

아버지가 술에 취해 들어오는 날이면 방문을 잠가버리는 10대 정가연 작가, 사소한 실수에도 화를 내는 일명 '버럭 꼰대' 아버지에게서 '결혼'이라는 탈출의 기회를 맞이한 30대 이정일 작가, 절대 아버지 같은 꼰대가 되지 않을 줄 알았건만 언제부턴가 자식들에게 꼰대짓을 하는 자신을 발견하는 40대 김수용 작가가 그들입니다.

말이 통하지 않는 꼰대와 조금씩 거리를 넓히며 대화의 문을 닫아 걸었던 작가들은 객관적인 시선으로 아버지와 마주하고 그들의 지나간 삶을 웹툰에 담아가며 비로소 깨달았습니다. 아버지의 꼰대질은 자식이 당신보다 나은 삶을 살길 바라는 마음에서 비롯되었다는 것을, 그리고 가족을 위해 당신의 숱한 꿈을 포기하며 현실과 타협해온 과정이 곧 꼰대가 되어가는 과정이었음을 말입니다.

가슴 속에 깊이 묻어둔 '꼰대'의 외로움을 이해하는 순간, 세 작가에게 아버지는 더 이상 거리감을 느끼는 '꼰대'가 아니었습니다. 따뜻하게 손을 잡아드리고 싶은 아버지였습니다.

당신의 꼰대는 안녕하십니까?
박범신 작가의 소설 〈은교〉에 이런 문장이 있습니다. '너희 젊음이 너희 노력으로 얻은 상이 아니듯, 내 늙음도 내 잘못으로 받은 벌이 아니다.' 이 문장을 빌려 말하자면 '꼰대'가 되어버린 우리들의 아버지는 이미 살아봐서 알아버린 인생의 지름길을, 숱한 시행착오를 겪으며 힘들게 배워가야 할 자녀들에게 혹은 후배들에게 일러주고 싶은 사람들일 뿐입니다.
정작 '꼰대'를 벌주고 있는 건 대화의 문을 닫아 건 우리들이 아닐까요? 여러분도 더 늦기 전에 벽 뒤에 세워둔 당신들의 '꼰대'에게 다정하게 말을 걸어보길 바랍니다.

EBS 다큐프라임 「우리집 꼰대」 제작팀

차례

나는 '힙합 꼰대'다
내가 꼰대라구요? … 20
아들과 아버지 그리고 꼰대 … 33
우리는 어떻게 꼰대가 되었나 … 44
20년 만에 마주한 꼰대의 외로움 … 56
아들을 배우다 … 68
꼰대 말고 등대 … 85

우리 집에는 꼰대가 산다
아들보다 소? … 104
만화가가 웬 말이냐? … 112
꼰대로부터의 해방 … 119
요즘 애들은 말이야 … 129
자고로 가장이란 말이다 … 138
꼰대 유전자 … 148
꼰대에게도 꿈이 있었다 … 156
아버지의 일은 아직 끝나지 않았다 … 166

너무 무심한 꼰대
조선 시대 꼰대 스타일 … 188
꼰대로부터의 독립 … 196
독립을 꿈꾸며 … 203
문학 소년은 어떻게 꼰대가 되었나 … 212
아버지는 오늘도 버틴다 … 222
누가 뭐래도 아빠 딸 … 237

물론 김수용 작가도
그런 자신의 모습이 우습기도 하다.
그래서 스스로 자조적으로 말하기도 한다.
"요즘 다들 필명 쓰잖아요.
그래서 저도 한 번 생각해봤는데요,
'힙꼰'이라고 힙합 꼰대 줄임말이에요.
어때요? 잘 어울리죠!"

人生의 회전목마

제 1 화

作畵
김수용

다만 다른 가족들과 다른 점이라면…

아빠 간다. 엄마 말 잘듣고 있어라.

아버지는 매주 월요일 새벽에 일을 하시러 지방에 내려가셨고, 다섯 밤이 지나 토요일이 되면 다시 집으로 오셨다.

응

엄마는 아빠가 선생님이라 말씀하셨다.

아빠, 엄마, 애완견 화니. 그리고 나.

우리 가족은 평범한 가족이었다.

그렇게 아빠는 한 달에 네 번,

한 달에 팔일 남짓 내 곁에 계셨다.

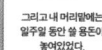

나는 혼자였고.

그도 혼자였다.

언제나 그랬듯 그렇게 그는 혼자 TV를 보며 술을 드시다 잠이 드셨고,

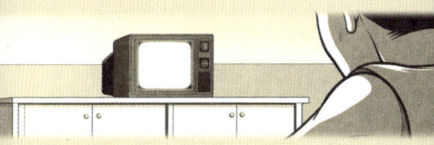

홀로 목욕탕에 가셨으며,

그리고 또다시 일주일간 홀로 생활하기 위해 새벽부터 집을 나섰다.

나 역시 잠에서 깨면

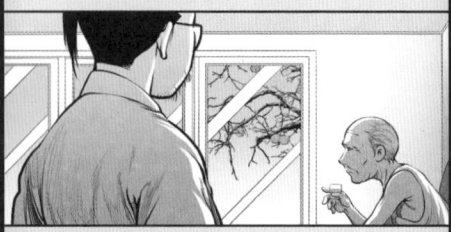

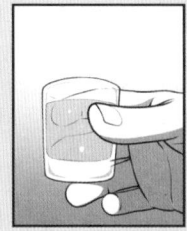

하지만 사람들은
그것을 깨달을 때,

이미 늦었다는 것을
왜 그제야 비로소 후회를 할까?.

시간은 되돌릴 수 없다는 것은
그 누구도 잘 알고 있다.

copyright ⓒ 2016 Kim soo yong & Studio ZEEHA All Rights Reserved.

www.facebook.com/syonghiphop

내가 '꼰대'라구요?

"승재야, 요즘 드래곤볼 작붕에 대해서 어떻게 생각하니?"
"푸핫! 정말 최악이죠."
"그거 어떤 애가 짤방 구개그에 올려놨더라."

40대 중반의 중견 만화가 김수용 작가와 20대 중반의 문하생 승재 씨의 대화다. 기성세대가 되어버린 40대에게는 낯설 법한 '작붕(작화 붕괴)'이니 '짤방(짤림 방지)'이니 하는 줄임말들이 김수용 작가에게는 일상어다. 김수용 작가는 작업하는 짬짬이 구개그(유머사이트) 같은 요즘 세대들의 인터넷 놀이터를 들락거린다.

"선생님은 취미도 그렇지만 말씀하는 것도 되게 젊으세요. 저희보다 먼저 알고 있는 짤도 많으세요."
가장 오래 김수용 작가를 옆에서 지켜봐 온 문하생 승재 씨는 김수용 작가를 젊다고 표현한다. 흔히 표현하는 꼰대와는 거리가 멀다는 뜻이다. 그도 그럴 것이 주요 독자층이 청소년인 만화를 그리려면 요즘 세대의 소통 방식을 이해하지 않으면 어렵다. 이해하는 것은 물론이고 때론 앞서가야 한다.

그런 김수용 작가답게 취미는 마징가 피규어 수집이고, 특기는 디제잉이다. 하루 두 번 그는 책장에 고이 모셔둔 마징가 피규어를 꺼내 정성 들여 닦는다. 작업을 시작하기 전에 마징가 피규어부터 닦는 건 그에겐 거의 신성한 일과의 하나다. 마징가는 그가 만화를 그리기 시작하는 계기가 된 의미 있는 물건이다 보니 애착이 대단하다.

김수용 작가는 자신을 한마디로 표현한다면, 일본 만화의 주인공 '호노오' 같다고 생각한다. 〈호에로 펜〉은 주인공 호노오의 고단한 창작 이야기를 황당무계하고 과장스럽게 풀어가면서도 현실을 절묘하게 담아 녹여 낸 작품이다. 만화 속에서 주인공인 호노오는 '20년간 만화를 그렸는데 철이 들 턱이 없지 않느냐'고 주장한다. 김수용 작가에게 철들지 않는 만화가 호노오는 바로 본인 그대로의 모습이다.

"저 꼰대 아닌데요. 20년째 소년 만화를 그리려면 독자층이랑 커뮤니케이션이 돼야 하기 때문에 저는 만년 소년이라고 생각해요."

열아홉 살 아들과 열여섯 살 딸을 둔 김수용 작가는 자신을 '만년 소년'이자 신세대 아빠라고 자부한다.

딸 현진이는 이제 곧 고등학생이 된다. 공부를 본격적으로 시작해야 하는 나이인데, 언제부턴가 친구들과 어울려 춤을 추기 시작했다. 여느 아빠라면 아이가 춤을 춘다는 말에 한숨부터 푹푹 내쉴 만도 한데, 자신을 아직도 신세대라 여기는 김수용 작가의 생각은 달랐다. '하고 싶은 건 해야 한다.' 그건 바로 김수용 작가의 인생관이기도 하다.

하루는 공연이 있으니 와서 보라는 딸의 뜬금없는 연락에 학예회

같은 거라도 하나 싶어 산책 삼아 보러 갔다. 동네 청소년 수련관에서 마련한 무대 위에 현진이가 친구들과 함께 걸 그룹 음악에 맞춰 군무를 추고 있었다. 춤추는 딸을 보니 다른 건 몰라도 리듬감은 있어 보였다. 아니 다른 건 다 뒤로 하더라도 김수용 작가의 눈에 비친 딸 현진이의 모습이 행복해 보였다. 좋다, 행복한 거 그게 제일 중요한 거 아닐까?

김수용 작가는 그때부터 딸의 페이스북에 들어가 뒤져보기 시작했다. 그동안 인근 고등학교 축제 무대에도 여러 번 선 모양이다. 얼마 전에는 아마추어 청소년 댄스 동아리 연합 대회에서 우승을 하기도 했나 보다. 무대 위에 서 있는 현진이 사진이며, 영상을 보니 단순한 호기심이나 겉멋에 들려 춤을 추는 것만은 아닌 것 같았다.

김수용 작가는 그걸 보는 순간, 현진이를 말려봤자 소용없겠다는 생각이 들었다.

무대에서 느끼는 희열은 그 자리에 서 본 사람만이 안다. 김수용 작가 본인이 그 느낌을 누구보다 잘 알기에 딸을 말릴 수가 없다. 1991년 김준범 작가의 문하생으로 만화계에 입문했지만, 1992년 SBS 댄스팀에 특채로 발탁되어 댄서 생활을 병행했다. 그를 밀리언셀러 만화가로 만든 1997년 작 〈힙합〉에 그토록 역동적인 춤사위가 묘사될 수 있었던 것은 그의 온몸에 새겨진 춤의 기억 때문이었다. 그러나 김수용 작가도 그 유전자가 딸에게 그대로 흘러갔을 줄은 몰랐다.

김수용 작가는 딸이 무엇을 하든 상관은 없지만, 한다면 기본기부터 충실히 하는 게 중요하다고 믿는다. 그래서 현진이가 춤을 춘다면, 차라리 제대로 하게 해주고 싶었다.

그는 딸 현진이를 데리고 홍대 근처의 한 댄스 아카데미를 찾았다. 학원에 들어서자 부녀를 반갑게 맞이하는 사람, 바로 국내 최고 비보이팀 TIP 크루의 단장 황대균 씨였다. 김수용 작가가 딸을 데리고 찾은 곳은 오래전 춤추던 시절부터 알고 지내온 막역한 후배, 황대균 단장이 설립한 아카데미였다.

"아이고, 선배님. 오랜만입니다."

"그러게. 이거 너무 오랜만인걸! 자네, 우리 딸 전에 봤지?"

"진짜 많이 컸네요. 선배님 닮아서 그런가, 이목구비가 예쁘게 생겼네요."

"춤춘다고 속 썩여서 데리고 왔다. 네가 한번 봐 줘, 잘하는지. 우리 때야 춤을 배울 데가 정말 없었는데, 지금은 좋아졌잖아. 후배들이 이렇게 멋진 스쿨도 만들어 놓으니까 말이야. 이왕 춤추고 싶다면 제대로 배우는 게 좋잖아."

강렬한 비트의 댄스 음악에 맞춰 현진이가 그동안 갈고닦은 실력을

선보였다. 세계적인 비보이 실력자와 아빠 앞이니 떨릴 법도 한데, 현진이의 부드러우면서 박진감 있는 동작에는 조금의 주저도 없었다. 저 정도면 일단 대범함은 합격이다.

음악이 멎자 긴장한 것은 오히려 아빠인 김수용 작가였다.

"현진이가 아빠 닮아서 리듬감이 있네. 안무는 누가 짰어?"

"걸 그룹 안무 보고 제가 짠 거예요."

"선배님, 현진이가 여러 가지 안무들을 많이 섭렵하면서 자기도 모르는 사이에 기본기를 익혔어요. 무엇보다 춤을 좋아하는데, 그게

제일 중요한 거 같아요."

딸에게 재능이 있다는 황 단장의 평가에 '역시 내 딸이구나!' 싶어 김수용 작가는 내심 흐뭇했다. 무엇보다 아빠인 자신이 딸의 재능을 잘못 판단한 게 아니란 사실이 기뻤다. 춤을 즐기는 딸의 열정을 제대로 알아봤다는 것에 뿌듯함을 느꼈다.

"현진이 너, 여기서 춤 배워라."

세상에 이런 아빠가 또 있을까. 내년에 고등학교에 진학할 딸을 대학 입시 학원이 아니라 댄스 아카데미에 보낸다니……. 그러나

김수용 작가는 적성에 맞지 않는다면 아무리 자식이라도 꼭 공부를 강요할 생각이 없다. 오히려 정말 간절히 원하는 꿈이라면 확실하게 밀어주는 게 옳다는 교육 철학을 가졌다. 이 정도면 김수용 작가는 그의 주장대로 꼰대가 아닌 것이 맞다.

그날 저녁, 작업실에 돌아와 밀린 작업에 몰두하던 김수용 작가가 갑자기 모니터에 인터넷 창을 띄웠다. SNS 페이지 하나를 열더니 매의 눈으로 포스팅을 샅샅이 훑어가며 읽는다. 어떤 포스팅을 볼 때는 입꼬리가 씰룩거리기도 하고, 어떤 포스팅에서는 미간에 깊게 주름이 잡히기도 한다. 댓글을 읽어가던 그가 결국 잔뜩 찌푸린 얼굴로 푸념을 늘어놓는다.

"요즘 애들은 왜 이렇게 말이 거친지 모르겠어."

김수용 작가가 들여다보고 있는 건 딸 현진이의 페이스북이다. 막상 꿈을 키워준다고 허락은 했지만, 아빠란 어쩔 수 없이 걱정을 담고 사는 사람이다. 아빠가 보지 못하는 곳에서 현진이가 어떻게 입고 어디를 가고 누구를 만나는지, 궁금하지 않을 수 없다. 그래서 그는 종종 SNS로 현진이의 일상을 염탐한다. '나는 절대 꼰대가 아니다'라고 자신 있게 말하던 김수용 작가의 꼰대 본성이 그대로 드러내는 순간이다. 스크롤이 돌아갈수록 현진이에게 대놓고 하지 못하는 잔소리도 튀어나온다.

"지금은 화장을 안 하는 게 더 예쁠 나이인데 왜 굳이 화장을 덕지덕지 바르고 다니는지, 쯧쯧. 화장독 올라서 얼굴에 뭐가 막 일어난 것 좀 봐라. 아이고, 바지는 입은 거야 벗은 거야?"

화장한 현진이의 얼굴, 입은 건지 벗은 건지 알 수 없는 하의 실종 옷차림, 헤어졌다더니 다시 만난다는 남자 친구, 그런 사진마다 달려 있는 친구들의 거친 댓글들. 신세대 아빠를 자처하는 김수용 작가지만 그의 눈에도 10대의 페이스북은 눈에 거슬리는 게 한두 가지가

아니었다.

"쪼그만 게 열애 중? 기가 막혀서 참 내."

'지켜보겠다.'

현진이가 남자친구와 찍은 사진 아래 김수용 작가는 재빨리 댓글을 달았다. 내 딸을 울리면 가만 안 두겠다는 경고의 메시지였다. 현진이에겐 이렇게 든든한 아빠가 있다는 걸 과시하고 싶은 김수용 작가다.

하지만 그런 댓글을 보는 현진이는 아빠와 생각이 다를 수밖에 없다.

"아빠가 댓글 달면 감시받는 기분이 들어요. 그래서 글도 마음대로 못 올리겠어요. 아빠가 들어오는 게 너무 싫다고 친구 연결을 끊은 애도 있어요."

현진이 입장에서 보면 아빠의 행동은 사생활 감시였고, 아빠의 댓글은 족쇄였다. 물론 다른 친구의 아빠들에 비하면 이해심도 많고 눈높이도 얼추 맞는 아빠라는 건 현진이도 인정하는 바다. 그러나 그렇다고 꼰대가 아닌 건 아니란다. '네 나이에는 말이야.' 하며 현진이 옷차림이나 화장에 잔소리를 늘어놓는다든지, '내가 소싯적에 다 해봐서 아는데'라며 염색이나 파마가 머리카락을 얼마나 상하게 하는지 일장연설을 할 때면, '꼰대'라는 단어가 절로 떠오른다는 것이다.

큰일에는 한껏 아량을 잘도 베풀더니 그깟 옷차림 때문에 저리 뭐라 하는 걸까? 현진이가 보기에는 자기를 잘 이해해 주는 것 같다가 아무것도 아닌 일에 갑자기 잔소리꾼으로 변하는 영 원칙이 없는 아빠다.

하지만 김수용 작가에게도 나름대로 속사정이 있다.

"엄마랑 같이 사는 것도 아니고, 마감에 쫓기다 보면 바빠서 집에 못 갈 때도 많다 보니 아이들이 어떻게 하고 다니는지 알 수가 없더라고요. 그러다 보니 옷차림은 어떤지, 화장은 했는지 안 했는지, 볼 때마다 그런 것만 자꾸 눈여겨보게 되더라고요."

제아무리 힙합퍼 출신에 철없는 만화가라도 아빠는 어쩔 수 없는 아빠다. 머리는 굵었지만, 판단력은 부족하고, 반항으로 똘똘 뭉친 사춘기 자녀들을 대하자면 때로는 잔소리도 해야 하고, 충고도 해야 하고, 경고도 할 수 밖에 없다. 아빠를 '꼰대'로 만드는 건 자식을 지키고 올바른 길로 이끌어야 한다는 의무감과 책임감이다. '아빠'라는 이름을 얻었다는 건 어쩌면 '꼰대의 자격'을 갖추었다는 뜻인지도 모른다. 아이들과 대면할 시간이 별로 없는 김수용 작가의 의무와 책임감은 딸에 대한 참견과 감시로 발전했고, 철들지 않은 만화가는 딸의 일상을 몰래 감시하는 꼰대가 됐다.

물론 김수용 작가도 그런 자신의 모습이 우습기도 하다. 그래서 스스로 자조적으로 말하기도 한다.

"요즘 다들 필명 쓰잖아요. 그래서 저도 한 번 생각해봤는데요, '힙꼰'이라고 힙합 꼰대 줄임말이에요. 어때요? 잘 어울리죠!"

아들과 아버지 그리고 꼰대

"진광아, 김진광, 어디 아파?"
"아니."
"안 아파? 그럼 밤새 뭐 했어?"
"잤어."

밤을 새운 것도 아니라는데, 진광이는 해가 중천에 뜨도록 일어나지 않았다. 가끔 이런 아들을 보면 김수용 작가는 속에서 천불이 난다. 생각 같아서는 머리끝까지 뒤집어쓴 이불을 걷어내 버리고, 만화속 캐릭터처럼 아들을 제압한 다음 벌떡 일으키고 싶다. 하지만 현실은 만화가 아니다. 게다가 상대는 방황하는 십대다.

김수용 작가에게 진광이는 유리 같은 아이다. 행여 잘못 쥐고 흔들었다간 와장창 깨지고 말 것 같아 세게 밀어붙일 수도 없다. '진광이는 어떤 세상 속에서 살고 있는 걸까?' 아들이지만 도대체 무슨

생각을 하는지조차 알 수가 없었다. 진광이는 학교생활조차 평범하게 하지 못했다. 어렵게 버티다 결국 중학교를 졸업하지 못하고 자퇴를 했다. 그 뒤로 집안에 틀어박혀 버렸다. 친구를 만나러 나가지도 않았다. 온종일 방에서 애니메이션을 찾아보거나 만화책을 읽는 것이 다였다. 사내 녀석이 좀 활동적이면 좋으련만, 말도 없는 녀석이다 보니 움직이는 것도 싫어했다. 만날 방안에 틀어박혀서 뭘 하는지 알 수가 없다. 아들 녀석만 보면 답답했다. 도대체 나중에 뭐가 되려고 저러나 싶어 걱정이 앞섰다.

그러던 어느 날, 아들이 꿈이 생겼다는 얘기를 들었다. 그것도 만화가가 꿈이란다.

"아들은 어려워요. 이 녀석한테는 화가 나도 화를 못 내겠어요. 이 녀석이 행여 상처받고서 어렵게 찾은 꿈마저 포기를 할까 봐. 현진이가 그러더라고요. 컴퓨터로 끼적끼적 그린 게 있다고 말이죠. 딸아이 말로는 곧잘 그린다는데, 창피한 건지 저한테는 죽어도 안 보여 주더군요. 어느 날 몰래 컴퓨터에 들어가 봤는데, 진광이 나이 치고는 그림이 꽤 괜찮아서 '어라 요놈 봐라?' 싶었죠."

딸은 아빠의 딴따라 기질을 물려받더니, 아들은 아빠에게서 환쟁이 기질을 물려받은 모양이다. 문득 유전자의 힘이 이렇게 강한 거였나 싶은 생각이 든다.

사실 그동안 진광이는 일본 애니메이션에 푹 빠져 있었다. 그러더니 보는 것에서 만족하지 않고 직접 그리기 시작했던 모양이다. 한 장 두 장 그린 컷들이 이젠 제법 쌓였다. 손에 익을 무렵에는 스토리를 짜서 본격적으로 만화를 그렸다. 만화가 아빠를 두었으니 이보다 더 좋은 환경이 없었다.

진광이가 처음으로 자신에게 그림을 그리고 싶다는 말을 했을 때, 김수용 작가는 언젠가 진광이와 자신이 만화계 라이벌로 선의의 경쟁을 펼치는 미래를 상상하며 흐뭇했다. 뿌듯한 마음으로 제일 먼저

한 일이 화실 한켠에 아들의 자리를 만들어 준 거였다. 책상을 새로 들여놓으며 마치 자신이 처음 펜을 잡을 때처럼 설레었다.

하지만 그건 그냥 '꼰대' 아빠의 섣부른 희망이었던 모양이다.

지난 석 달간 진광이 책상은 비어 있는 날이 더 많았다. 사실 기초부터 시작해야 한다는 아빠의 말이 틀리지 않는다는 건 누구보다 진광이가 잘 안다. 그리고 더불어 모두가 알고 있듯이 기초는 인내와 끈기가 필요하다. 기초는 재미가 없기 때문이다. 만화를 그리고 싶어 하는 아이들은 처음부터 만화를 그릴 수 있다고 생각한다. 혼자 할 때는 잘했다고 우기기도 한다. 하지만 막상 본격적으로 만화가의 길로 들어서면, 그 전까지 자신이 했던 것들이 얼마나 사소했는지를 알게 된다. 만화를 완성하려면 만화 컷만 잘 그리는 것으로는 어림도 없기 때문이다.

진광이도 작업실에 들어서면서부터 다른 문하생과 똑같이 기초부터 시작했다. 그게 바로 자줄 긋기다. 자줄, 즉 효과선은 만화에서 인물이나 배경의 움직임에 방향감이나 속도감을 부여하기 위해 그려 넣는 선이다. 김수용 작가는 문하생이 들어오면 가장 먼저 자줄 긋기를 연습시킨다. 선을 일정하고 매끄럽게 그릴 수 있는 게 기본 중의 기본이라고 생각하기 때문이다. 진광이는 그 자줄 긋는 연습만 석 달째다. 당연히 지루할 수밖에 없다. 그래도 아예 그만두지는 못

한다. 만화를 배우기에 아버지의 화실보다 좋은 곳이 없다는 걸 진광이도 알기 때문이다.

화실 문이 조용히 열리더니 말총머리의 단아한 총각이 얼굴을 들이 밀었다. 김수용 작가가 그토록 기다리던 아들 진광이었다.
"왔어? 지금이 몇 시인데 이제 와? 선 긋기 연습하고 있어."
'내 새끼 왔구나. 밥은 먹었어?' 하는 진심은 묻어 두고, 김수용 작가는 무뚝뚝하게 아들을 맞았다. 진광이는 아빠가 하란 대로 얌전히 앉아 줄을 긋기 시작했다. 시간이 얼마나 지났을까, 여전히 코를 박고 줄을 긋고 있는 진광이 옆으로 김수용 작가가 다가왔다.

"자 치워 봐. 여기 선이 묽잖아. 그럴 때는 펜촉을 한 번 깨끗이 닦고 다시 해봐. 어때? 선이 끊겨 안 끊겨?"

"안 끊겨."

"처음보다 많이 늘긴 했어. 아직 네 마음이 콩밭에 가 있으니깐 종이에 지문이 찍히고 그러잖아. 집중해서 간격 맞추고, 시작하고 끝이 딱 맞아야지. 잠깐 멈춰 봐. 선 색깔이 지금 다 다르지? 집중 안 하고 있으니까 그렇지."

김수용 작가의 잔소리가 끊임없이 이어졌다. 아들이 자신보다 더 잘되길 바라는 마음 때문일 것이다. 아들이 제대로 된 만화가가 되길 바라는 마음이야 누구보다 간절한 아버지다.

뭐라 투정이라도 부릴 만한데, 진광이는 별 대꾸 없이 묵묵하게 자줄만 그었다. 김수용 작가는 자줄만 점검한 게 아니었다. 용돈으로 끼니마다 컵라면만 사 먹었는지 핼쑥해 보이는 진광이의 얼굴을 살피며 속이 상했다.

저녁이 되자 김수용 작가는 진광이를 데리고 밖으로 나왔다. 오랜만에 아들에게 맛있는 저녁을 사줄까 싶어서다. 아들이 잘 먹는 식당에 자리를 잡고는 음식이 나오기를 기다리다 그동안 궁금했던 말을 은근히 던졌다.

"만화, 지금도 계속 그리고 싶어?"

온종일 고개를 숙이고 눈도 마주치지 않던 진광이가 만화 얘기가 나오자 그제야 아빠와 눈을 마주친다. 조용하지만 힘 있는 목소리가 딸려 나왔다.

"그리고 싶어."

김수용 작가는 아들의 목소리에서 간절함을 느꼈다. 방에 틀어 박혀 혼자 그림을 그리는 모습이 문득 떠올라 갑자기 마음이 짠해졌다.

"그리고 싶으면 화실에 나오면 되잖아."

"화실은 불편해."

"아빠도 집에서 작업하면 편하긴 해. 그런데 집에서 하면 늘어져. 화실에 나와서 다른 작가들 작업하는 것도 한 번씩 보고 그럼 좋잖아. 기훈이 삼촌 요즘 잉크 펜으로 수작업하고 있어. 요즘 그런 거 어디서 돈 주고 보려고 해도 못 보는 거야."

"……."

아빠여서 그럴까? 그도 역시 꼰대였던 걸까? 만화로 시작된 얘기는 곧 현실 얘기로 옮아갔다. 앞으로 진광이가 부딪쳐야 할 현실 중 김수용 작가가 가장 걱정하는 부분이 바로 군대다.

"너 곧 주민등록증 나오지? 얼마 안 있으면 군대에 가야겠구나. 어떻게 생각해?"

"아직 멀었어."

"시간 금방 가. 아빠가 걱정인 게 전에도 얘기했지만, 군대도 사회야. 마냥 좋은 사람만 있는 곳도 아니야. 네가 밖에 많이 나다니면서

이 사람 저 사람 만나 봐야 군대에 가서도 잘 적응할 수 있을 거 아니야? 아빠는 그게 걱정이야."

"……."

틀린 말은 아니다. 하지만 진광이 입장에서는 썩 유쾌한 대화는 아니었다. 영장이 당장 날아온 것도 아니고, 그전까지는 생각하고 싶지 않다. 더구나 아직 주민등록증도 나오지 않았는데, 아빠는 걱정이 너무 앞선다. 이러니 진광이는 아빠와의 대화가 항상 불편하다.

작업실에서도 그랬지만, 아들 진광이를 대하는 김수용 작가의 태도는 딸 현진이를 대할 때와 많이 달랐다. 표정은 근엄했고, 말투는 명령조였다. 그러다 보니 아빠와 아들 사이의 대화는 하면 할수록 일방통행이었다. 아들에게 멘토가 되고 싶은 마음과는 반대로 아빠는 전형적인 꼰대식 대화를 하고 있었다. 진광이가 입을 열지 않는 이유도 거기에 있다. 아빠의 일방적인 요구에 대답할 말이 없는 것이다.

"이상하게 아들한테는 무슨 얘기를 하다 보면 잔소리가 돼버려요. 그러다 보면 저 녀석은 입을 꾹 다물고, 그 순간 내가 얘한테 무슨 이야기를 했나 생각해 보면 잔소리가 맞더라고요."

언제부터인지 모르겠지만, 아들 진광이가 클수록 김수용 작가와의 사이에 틈이 벌어져갔다. 딸 현진이와 달리 시간이 지날수록 멀어지는 진광이를 볼 때마다 그의 가슴 한켠에는 묵직하게 아버지가 떠올랐다. 그러니까 김수용 작가가 진광이 나이쯤일 때, 자신과 아버지의 관계가 꼭 이랬다. 그때 그의 아버지는 공부에는 도통 취미가 없는 자신에게 '너는 대학을 가야 한다, 교수가 되어야 한다'고 일방적으로 강요했다. 그런 아버지와 마주하는 게 불편해 밖으로만 돌았던 시간이 떠올랐다.

그 기억이 떠오르고 나서야 김수용 작가는 '아차' 싶었다. 아들에게 일방적으로 자신의 생각을 쏟아내고 있는 모습은, 지난 시절 자신이 꼰대로 느꼈던 아버지 모습 그대로였기 때문이다. 아들에게 엄

격하고 완고하던 꼰대의 모습이 진광이와 마주 앉은 김수용 작가에게 거울처럼 투영돼 있었다.

아버지를 무서워했던 김수용 작가는 나중에 커서 아빠가 된다면, 자신은 꼭 친구 같은 아빠가 될 거라고 결심했었다. 결코 아버지와 같지는 않을 거라고 말이다. 하지만 그 아버지의 나이가 된 자신의 모습은 별다르지 못한 똑같은 꼰대 아버지일 뿐이었다. 그리고 생각했다. 그때의 아버지도 방황하는 아들을 보면서 '지금의 나와 같은 심정이셨겠구나!' 하고 말이다.

우리는 어떻게 꼰대가 되었나

"평소에 나는 말이지, 삶은 힙합이라고 얘기를 해.
근데 막상 우리 아들한테는 힙합이 아니라
현실이 더 중요하다고 얘기하고 있더라고."

오후 6시, 동대문 평화시장의 한 곱창집에 중년 남자 여섯이 모여 앉았다. 외모나 차림새만 보면 막 북한산 등반을 마치고 뒤풀이를 하러 온 산악회 회원들 같았다. 오랜만에 만난 사이인지 왁자지껄하게 서로서로 인사를 하더니, 뜬금없이 댄스 배틀이 시작됐다.

늙수그레한 아저씨들이 로봇 춤이라니, 희한한 광경에 주변의 모든 시선이 쏠렸다. 그러거나 말거나 그들은 자신들의 흥에 푹 빠져 있다.

"수용아, 너 로봇 춤 다시 배워야겠다. 내가 확실하게 가르쳐주지. 로봇 춤의 기본은 멈춤이야."

차환 씨의 밉지 않은 잘난 척에 성한 씨가 한마디 거든다.

"야, 나이 오십에 뭐하는 거냐?"

그러나 주변의 타박에도 아랑곳하지 않고 일행 앞에서 절도 있는 로봇 춤을 선보이는 차환 씨다. 1985년 제1회 디스코 챔피언다운 솜씨다. 차환 씨의 로봇 춤이 끝나기 무섭게, 또 한 남자가 의자를 박차고 일어났다. 남자는 흥겨운 비트박스와 함께 가볍게 몸을 풀더니 단번에 물구나무를 서서 균형을 잡는다. 그 바람에 셔츠가 말리며 볼록 튀어나온 하얀 뱃살이 빨갛게 물들어갔다.

"형님, 배가 이상해요."

김수용 작가도 오랜만에 즐거운지 활짝 웃으며 말했다.

"무슨 소리! 내건 배가 아니라 근육이야 근육!"

말은 그렇게 하면서도 기용 씨는 옷을 내려 재빨리 추스른다. 지나가던 행인들도, 바로 옆 삼겹살 가게에서 고기 굽던 손님들도 집게를 손에 든 채 그대로 멈췄다. TV 프로그램 〈세상에 이런 일이〉가 아니라면 어디서 이런 별난 구경을 한단 말인가.

임신부도 못 이겨낼 D자 몸매를 자랑하며 거친 숨을 몰아쉬는 우리나라 1세대 비보이 김기용 씨. 나머지 세 명인 윤성한, 이병승, 배성현 씨도 모두 80년대 중반부터 90년대 후반까지 한 시대를 풍미했던 춤꾼들로 한때 댄스계의 '레전드'였다. 당대의 유명가수였던 인순이, 김완선, 박남정 등의 백댄서로 무대를 화려하게 빛냈던 그들은 오늘날 세계 최강이 된 한국 비보이 문화의 기반을 다진 주역들이기도 했다. 잠시나마 무대 생활을 했던 김수용 작가는 이들 사이에서는 막내다.

배 나온 중년들의 화려한 댄스 배틀이 끝나고, 자리에 앉은 일행은 그제야 첫 잔을 들었다.

왕년의 전설들을 이 자리에 불러 모은 사람은 김수용 작가였다. 요즘 그는 80년대 백댄서 출신 아버지와 2015년 춤꾼이 된 아들의 이야기를 담은 작품인 〈젊음의 행진〉이란 작품을 연재하고 있다.

그래서 작품 취재차 형님들에게 인터뷰를 청했고, 형님들이 기꺼이 시간을 내준 것이다. 작품은 춤이 소재이긴 하지만, 이야기는 아버지와 아들 간 소통의 부재를 다루고 있다. 결국, 지금 마주 앉은 형님들과 그 아들들, 또는 김수용 작가와 아들 진광이가 곧 작품 속

주인공인 셈이다. 사실 그들의 속내를 들으려고 마련한 자리였다.

"수용이 쟤는 옛날에 진짜 귀여웠어."

"옛날에는 가수 박남정 닮았다고 했는데, 지금은 레슬러 이왕표 닮았는걸?"

옛 추억을 기억하는 얘기들이 오갔다. 그때로부터 20년 가까운 세월이 흘렀다. 어디 외모만 달라졌겠는가. 무대 위에서 청춘을 불사르며 시대를 앞서가던 그들도 세월이 파 놓은 덫을 피해갈 수는 없다. 그 덫의 이름은 바로 '꼰대'였다.

"여기 있는 사람들 다 한때 불량했던 꼰대들이야. 우리 아들이 만약 옛날 나처럼 학교 땡땡이치고, 밤에 클럽 다니면서 소위 죽돌이로 산다면 솔직히 싫을 것 같아. 난 그랬으면서 말이야. 나도 다른 아빠들과 다르지 않더라고 아들 대학원서 쓸 때 적성보다는 전망이나 돈벌이를 따지게 되더라."

소싯적 나이트클럽에서 죽돌이로 춤을 배웠던 김기용 씨 입에서 나온 말이다. 옆에서 듣던 병승 씨도 마찬가지란다. 아들이 어렸을 때는 학예회에서 장기자랑을 한다고 해서 춤을 가르쳐주기도 했는데, 어느 순간 버스를 같이 탄 아들이 자신의 옆자리가 아닌 뚝 떨어진 다른 자리에 앉더라는 것이다.

"나한테 의지하던 아들이 어느새 나를 피하는 게 느껴지는 순간, 꼰대인 내가 보이더라."

그렇게 말하며 병승 씨는 씁쓸하게 웃었다. 90년대 초 당대 최고의 인기를 구가하던 스파크 무용단의 창단 멤버 성한 씨도 다르지 않았다.

"애들한테 '아빠가 옛날에 춤췄어' 이러면 애들이 '아빠가? 웩!' 해. 말도 안 되는 소리 하지 말래. 이젠 관절이 약해져서 춤을 보여 줄 수도 없고, 에휴."

그렇게 말하는 성한 씨 손은 어느새 무릎 위를 매만지고 있었다. 공감 어린 얘기에 모두 말없이 고개를 끄덕였다. 분위기가 가라앉았다. '무엇이 우리를 꼰대로 만들었나' 모두들 부딪친 술잔 속에 든 쓰디쓴 질문을 단숨에 털어 넣었다. 잠시 후, 기용 씨가 나지막한 목소리로 그 답을 내놓았다.

"평소에 나는 말이지, 삶은 힙합이라고 얘기를 해. 근데 막상 우리 아들한테는 힙합이 아니라 현실이 더 중요하다고 얘기하고 있더라고."

그랬다. 전설의 춤꾼들을 꼰대로 만든 건 '현실'이었다. 무대 위의 영광, 사람들의 환호는 무대를 내려오는 순간 꿈처럼 사라졌다. 무대 아래에서 그들을 기다리는 건 그들이 책임져야 할 가족의 생계, 아이들 교육 그리고 대출금, 그런 현실적인 것들이었다. 현실의 중요성을 깨닫는 순간, 인생과 타협할 수밖에 없었다. 그런 삶을 경험했던 그들이기에 자식들의 꿈에 더 단호해질 수밖에 없었는지도 모른다.

"어쩔 수 없죠. 프로 댄서들도 춤만으로는 먹고 살기 힘든 때였거든요. 유명한 댄스팀에서도 솔직히 한두 명 빼놓고는 다른 직업을 가져야 했어요. 춤추는 게 직업으로는 불안정했던 건 사실이었으니까요."

문하생 생활도 녹록지 않았던 건 마찬가지였다. 김수용 작가도 문하생 월급 12만 원으로는 형편이 어려워 박남정의 이미테이션 가수 활동을 병행한 적이 있었다. 무대에만 서면 더없이 행복했지만, 좋아하는 것만 하고 살면서 생계와 가장의 책임을 완수하기는 힘들었다. 그 시절 무대에 죽고 춤에 살겠다던 그들은 지금 공무원, 신발가게 사장, 수학 강사, 목사 등등 모두 춤과는 거리가 먼 삶을 살고 있다.

꿈이 밥 먹여주지는 않는다는 뼈아픈 진실과 마주하면서 꿈을 포기해야 했던 그들은 꿈보다 밥벌이의 소중함을 더욱 중요시하는 기성세대로 변해갔다. 그들은 그렇게 꼰대가 되어갔다.

어쩔 수 없는 선택이었지만, 꿈과 맞바꾼 현실 속에서도 그들은 최선을 다해 살아왔다. 춤을 추던 그때의 열정 그대로 말이다. 오랜만에 옛 추억에 젖었던 일행이 자리를 털고 일어났다. 꿈에서 깨어나 다시 현실로 돌아가야 하는 시간이다. 지하철을 타러 동대문역 지하도에 막 들어섰을 때였다.

"야, 여기 어때?"

"오! 바닥 죽이는데……."

누가 먼저랄 것도 없었다. 지하도의 맨질맨질한 대리석 바닥을 보자, 형님들은 서로 의미심장한 미소를 주고받았다. 아무래도 그냥 지나칠 수 없다는 듯 차환 씨가 주머니에서 뭔가를 꺼냈다. 양파망에 천을 덧대어 만든 것으로 비보잉을 할 때 쓰는 보호대였다.

"아니, 그건 또 어디서 난 거야?"

바닥에 천을 내려놓은 차환 씨는 한쪽 무릎을 그 위에 대고 다른 쪽 다리를 뒤로 쭉 뻗더니 그대로 니스핀(한쪽 무릎으로 스핀을 도는 비보잉)을 돌았다. 바닥에서 뱅글뱅글 도는 중년 남자는 지하철 막차를 타려던 행인들의 다급한 발걸음마저 멈춰 세웠다. 이에 질세라, 기용 씨가 머리를 바닥에 대더니 헤드스핀(머리로 땅을 짚고 도는 비보잉)을 돌기 시작했다. 셔츠를 비집고 또 한 번 불룩 외출을 나온 그의 유난히 하얀 배에 한바탕 웃음이 터졌다. 비록 세월을 피해가지 못하고 꿈도 접었지만, 마음속에는 아직 꿈이 살아 있는 그들은 청춘이었다.

"난 지금도 몸이 막 근질근질해. 죽을 때까지 근질근질할 거야."
차환 씨가 말했다. 그러자 성현 씨가 맞장구를 친다.

"아니라면 거짓말이죠. 어릴 때부터 평생을 오직 춤만 생각하고 살았는걸요."

성한 씨도 뒤질세라 거든다.

"난 아직 퀸시 존스의 아이 노 코리다(ai no corrida)만 들으면 몸이 먼저 움찔움찔해."

"한 70살까지는 가능하지 않을까? 평생하려 했는데, 그 이상은 뼈에 무리가 갈 것 같아서."

기용 씨의 말에 병승 씨가 마지막을 장식했다.

"아들한테 물려주고 싶지는 않지만, 나는 가끔 춤을 출 거야."

누가 누구에게 하는 말이랄 것도 없었다. 그 말들은 마치 자신에게 해주는 위로 같았다. 꿈을 접어야 하는 꼰대의 가슴 속에도 지난날의 열정은 살아 있다는 걸 보여주고 싶었을지도 모른다.

20년 만에 마주한 꼰대의 외로움

아버지는 어디서 위로를 받았을까?
그제야 그때 아버지가 느꼈을 외로움이 발치 아래로
낭떠러지처럼 펼쳐지는 것 같아 아찔했다.

오늘도 진광이는 화실에 나오지 않았다. 진광의 빈 책상 위에는 검은 잉크와 펜촉만 덩그렇게 놓여 있었다. 빈자리를 지켜보던 김수용 작가의 입에서 깊은 한숨이 새어 나왔다. 저렇게 세상과 담을 쌓고 살아서야 어떻게 이 험한 세상을 살아나갈지……. 그에게 아들은 세상에서 가장 풀기 어려운 방정식이다.

"아이고 아버지, 저놈을 어쩌면 좋을까요?"

책장에 놓인 부친의 영정사진은 아무 말이 없다. 그런 아버지를 물끄러미 바라보면서 김수용 작가는 하나 마나 한 질문을 던진다. 아버지는 아마 '꼭 너 닮은 놈인데 누굴 탓하느냐'고 하시지 않을까 싶다. 생각해보면 김수용 작가는 늘 아버지 기대에 못 미치는 아들이었다. 하라는 공부는 안 하고 날마다 친구들과 어울려 춤추러 다니는 아들을 보며 아버지는 얼마나 복장이 터졌을까.

김수용 작가에게 아버지는 너무나 반듯해서, 그래서 더 무서운 꼰대였다. 메모를 정말 꼼꼼하게 하는 분이라, 아버지 옆에는 항상 다이어리부터 이면지를 재활용한 메모지, 펜 같은 게 있었다. 노동부 산하의 직업훈련학교에서 교사로 근무하셨던 아버지는 학생들을 가르치려면 자기 관리부터 철저해야 한다고 믿으신 천생 선생님이었다. 영어와 사회 과목을 담당했던 아버지는 매일 스스로 정해둔 분량의 영어 단어를 공부하고, 논어의 한 구절을 정갈한 글씨로 따라

적으며 마음 수양을 했다. 일기도 짧게나마 매일 쓰고, 검소하기도 꼼꼼하기도 이루 말할 데가 없었다. 아버지는 하나뿐인 아들이 그런

당신을 본받기를 바랐다. 아니, 당신보다 더 큰 사람이 되길 바랐을 것이다.

그런 아버지에게 대학은 인생의 정답이었다. 하지만 젊은 김수용은 이미 대학을 포기하고 만화가 문하생으로 들어가려고 마음을 먹고 있던 터였다. 그렇기에 아들이 대학을 졸업해 교수가 되기를 바라는 부친의 뜻을 김수용 작가는 납득할 수가 없었다. 몸에 맞지 않는 옷을 걸치라고 강요하는 아버지는 대화로 설득이 불가능한 강력한 꼰대였다. 김수용 작가는 그때부터 아버지를 피해 다녔다.

그러던 어느 날, 만취한 부친을 아버지 제자가 모셔 와서는 하는 말에 말문이 막혔다.

"대학입학 시험이 끝나고 얼마 지나지 않아서였는데, 그 제자분이 저보고 그러더라고요. 왜 붙은 대학을 안 가겠다고 했냐고 묻는 거예요. 무슨 소리인가 했죠. 아마 아버지가 아들이 대학에 붙기는 했는 데 만화를 더 그리고 싶어서 대학 안 가려고 한다고 거짓말을 하셨나 보더라고요. 아마 체면상 그러셨겠죠."

그 말을 듣는 순간 당황스럽기도 하고 먹먹하기도 했던 것 같다. 김수용 작가는 그때 처음으로 아버지께 죄송했다. 평생 자신을 반듯하고 완벽한 모습으로 보이려고 노력하며 살아온 당신이기에,

동료들에게 자식 교육도 모범적인 모습을 보이고 싶으셨던 것이다. '불효를 했구나!' 싶었다. 하지만 또 다른 마음에는 반발심도 일었다. 결국, 아들을 위해서가 아니라 아버지 자신을 위한 꼰대의 욕심 같아서였다.

아버지와의 관계는 그 후로도 특별히 좁혀지지 않았다. 강릉에 있는 직업훈련학교에서 근무하던 아버지는 일주일에 한 번 주말에만 집에 들렀다. 아버지가 집에 올 때면 김수용 작가는 친구 집이나 화실에 틀어박혀 집에 들어가지 않았다. 부자간 마음의 거리는 서울과 강릉만큼이나, 아니 그보다 더 멀었다.

진광이를 생각하면 그 시절의 아버지와 자신이 떠올랐다. 아들이 당신 맘 같지 않던 그때, 내 아버지 마음은 어땠을까? 아버지는 대놓고 자식이 선택한 길을 뭐라 한 적이 없었다. 섭섭한 마음이야 어디 말로 다 표현할 수 있을까 마는, 그토록 피하기만 하는 아들인데도 붙잡아 앉히고 잔소리 한 번 한 적이 없다. 김수용 작가는 생각했다. 그때 아버지의 마음을 알면, 지금의 진광이와 자신의 관계가 바뀔 수 있을까?

며칠 뒤, 김수용 작가가 강릉행 버스에 올랐다. 꼰대라고만 여겼던

아버지의 과거를 좀 더 이해하고 싶어 여행길에 오른 것이다.

아버지가 강릉에 계실 때 뵈러 간 적이 있던가. 딱 한 번 있던 것 같다. 문하생 시절 첫 월급을 타서는 아버지를 찾아가 회를 사드린 게 유일한 기억이다. 좀 더 자주 찾아뵐 걸 나도 참 모진 아들놈이었구나 싶어 씁쓸했다.

아버지가 근무했던 직업훈련학교는 폴리텍대학으로 바뀌어 있었다. 다행히 당시 아버지와 함께 근무했던 후배 교수님들이 아직 학교에 남아 있었다. 몇몇 교수님들은 그 시절 아버지의 일상을 생생하게 기억하고 있었다.

"월요일 아침이면 학교 대청소를 했어요. 특히 겨울철에는 눈이 많이 오니까 그걸 치우려면 쉽지 않았죠. 김 선생님(훈련부장이셨다) 숙소가 4층이었는데, 거기서 청소를 제대로 하나 안 하나 내려다보면서 출석 체크까지 하시고는 했죠."

얘기만 들어도 아버지의 엄격함이 떠올라 숨이 턱 조여 오는 듯했다. 집에서도 김수용 작가에게 '차렷, 열중쉬어, 인사'를 시키던 아버지 모습이 떠올랐다. 그러나 김수용 작가와 달리 교수님들은 아버지가 무섭기만 한 분이 아니었다고 했다.

"명절 때면 아내 갖다 주라고 꼭 작은 선물 하나씩 들려주셨어요. 자상하셨지요. 식당에서 밥을 먹고 나면 봉투를 하나 얻어서 남은 음식을 싸가지고는 2차도 안 하고 집에 바로 가셨어요. 아리 밥 줘야 한다고 말이죠."

　아버지의 일기장에 아들인 김수용 작가 이름보다 더 많이 등장하는 아리는 작은 치와와였다. 아버지는 개를 무척이나 좋아했는데, 강릉에서도 그 녀석에게 정을 많이 쏟았던 모양이다. 하긴 김수용 작가 생각에도 외로운 타지 생활에 먼 데 있는 무심한 아들놈보다 가까이서 꼬리 치는 강아지가 더 위로가 되었을 거 같다.

　'허허, 개보다 못한 아들놈이었구나.' 헛헛한 생각에 김수용 작가는 마음이 아릿해 왔다.

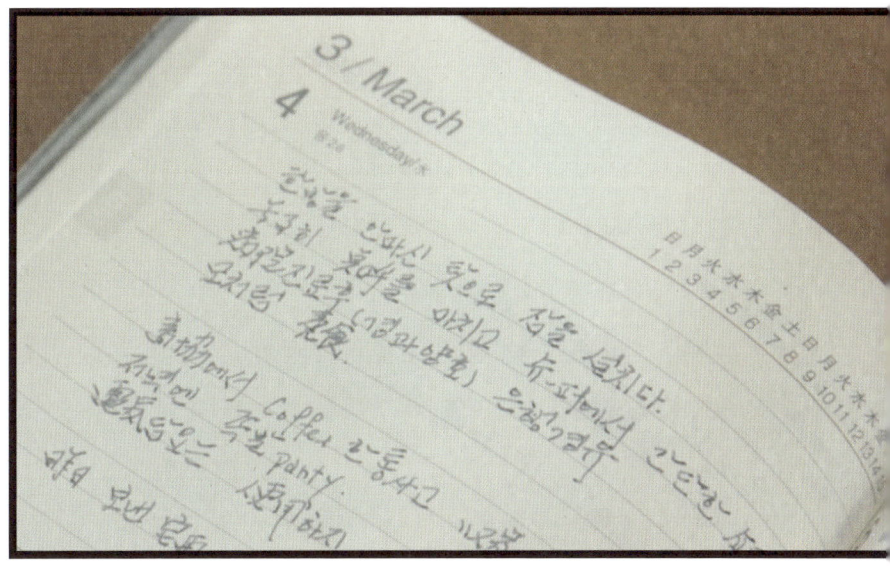

"언제인가 선생님이 출근하시면서 싱글벙글하시더라고요. 뭐 좋은 일 있으시냐 그랬더니 아들이 와서 텔레비전을 바꿔줬다고 하시면서, 한 일주일 넘게 자랑하셨을 걸요?"

"아, 아버지가 그런 말씀을 하셨어요?"

그러고 보니 생각이 났다. 영화를 즐겨 보는 아버지께 화면 큰 걸로 보시라고 당시 신상품이었던 벽걸이 프로젝션 텔레비전을 놓아드린 적이 있었다. 텔레비전을 달아드리고 나서도 아들에게는 따로 특별한 표현이 없었는데, 학교에 와서는 자랑이 늘어지셨던 모양이다.

덧붙여 이런 얘기도 들려주었다. 댄스 관련 만화가 히트 쳐서 아들 밥걱정은 안 해도 될 거 같다며 흐뭇해했다는 것이다. 하기는 만화가 랍시고 궁색한 밥벌이를 하는 아들이 오죽 걱정이었을까. 아들 앞에서 그런 걱정을 내비치는 대신 묵묵히 지켜만 보던 아버지가 〈힙합〉이 150만 부라는 기록적인 판매고를 올리는 걸 보고서야 걱정을 내려놓았던 것이다.

그 침묵과 무관심을 가장한 배려가 아버지 방식의 사랑이었음을 김수용 작가는 이제야 알았다. 그나마 다행이었던 건 비록 시간이 오래 걸리긴 했지만, 아들이 대학 강단에 서는 모습을 아버지께 보여드린 것이다.

장동호 교수님이 앨범 하나를 꺼내왔다. 직업훈련학교가 첫 졸업

생을 배출하고 찍은 앨범이었다. 1968년도 졸업앨범 속 최초의 교직원들 사이에 서른셋의 아버지가 있었다. 아들에게는 낯선 젊은 아버지의 얼굴이었다. 교육자로서의 사명감이 남달랐던 아버지는 30년간 한 길만 걸었고, 일반 대학으로 치면 부총장인 훈련부장의 직위까지 올랐다.

학교에서는 성공적인 발자취를 남겼던 아버지였다. 그러나 은퇴를 앞둔 아버지의 일기장에는 '술 없이는 쉽게 잠들 수 없다'는 내용이 자주 기록돼 있었다. 어머니가 빚보증을 잘못 서는 바람에 집이 남의 손으로 넘어갔고, 대학을 포기한 아들은 밖으로만 돌았다. 은퇴 후 가족과 함께 살 집을 마련하느라 당신 씀씀이를 줄여가며 타지에서 고생하던 아버지가 일주일에 한 번 돌아온 집은 가족의 온기조차

없는 차가운 공간이었다.

아버지는 어디서 위로를 받았을까? 그제야 그때 아버지가 느꼈을 외로움이 발치 아래로 낭떠러지처럼 펼쳐지는 것 같아 아찔했다.

아버지의 외로움을 깨닫는 데 20년을 돌고 돌아왔다.

"살아계실 때 자주 전화 좀 할 걸, 한 달에 한 번은 찾아뵙고 술친구라도 해드릴 걸, 주말에 집에 오실 때 도망치지 말고 곁에 있어 드릴 걸……."

때늦은 후회가 김수용 작가에게 파도처럼 밀려든다.

아버지는 그때 아들에게 서운했을까? 아니 오히려 자신을 먼저 자책했을 것 같다. 아들에게 좀 더 살갑게 대할 걸 그랬다면 아들이 먼저 다가왔을 텐데 하며 그저 당신을 탓했을 것 같다.

'결국엔 나도 아버지의 전철을 밟고 있구나.' 기댈 곳 없는 마음을 달래려 아버지는 얼마나 자주 이 시린 바닷가를 서성였을까. 아들의 마음을 얻지 못한 꼰대의 외로움이 김수용 작가의 가슴 깊이 사무쳤다.

아들을 배우다

"만날 아빠가 뭐 하자고 하면 싫다고 하더니,
이번에는 어쩐 일로 이렇게 쪼르르 따라오네."
"워낙 가보고 싶었던 곳이니까. 지금 너무 설레."

사춘기 아들과의 여행이 얼마나 어려운 일인지는 사춘기 아들을 둔 아버지만 안다. 사춘기 아들에게도 꼰대 같은 아버지와의 여행은 결코 달갑지 않은 이벤트다. 진광이도 여느 십대와 마찬가지였다. 어딜 가자고 하면 이리저리 핑계를 대며 늘 피하기만 했다.

몇 년 전 홍콩에서 열린 만화가대회에 갈 일이 생겨 좋은 기회다 싶어 진광이를 데려간 적이 있다. 만화가가 되고 싶다 했으니 해외의 유명 만화가들을 만날 수 있는 자리를 정말 좋아할 거라 생각했던 것이다. 그러나 그런 기대는 꼰대 아빠만의 생각이었다. 행사 기간 내내 진광이는 도살장에 끌려온 소처럼 김수용 작가에게 끌려다

닐 뿐이었다.

그래서 이번 여행은 같이 가자는 제안은 했지만 별로 기대하지는 않았다. 한 번 물어봐서 싫다고 한다면 굳이 데리고 갈 생각도 없었다. 그랬는데 의외로 흔쾌히 간다고 한 것이다. 그것도 늘 단답형으로만 대답하던 진광이 입에서 제 감정을 덧붙인 문장형 대답까지 들은 것이다. 뭘 하고 싶은지 표현조차 잘 하지 않던 아들 녀석 입에서 나온 '설레인다'는 표현에 김수용 작가는 웹툰까지 휴재하고 짬을 낸 것이 후회되지 않았다. 아니, 오히려 너무 잘했다는 생각마저 들었다.

그렇게 꼰대 아빠와 십대 아들, 단둘만의 일본 여행이 시작됐다. 아빠로서의 바람은 일본 애니메이션과 만화에 푹 빠진 진광이가 만화 대국 일본의 실체를 직접 보면서 신선한 자극을 받았으면 하는 것이지만, 이번 여행만큼은 순수하게 가기로 마음먹었다. 지난 홍콩 여행 같은 실수는 하고 싶지 않았다.

김수용 작가와 진광이 부자는 일본 도쿄의 아키하바라 지구를 먼저 찾았다. 일본 게임과 애니메이션, 만화 산업의 메카로 애호가들 사이에서는 '오타쿠의 성지'로 일컬어지는 곳이다. 아키하바라에 들어서자 높은 빌딩 숲을 에워싼 낯익은 애니메이션 간판과 현수막 등이 시선을 사로잡았다. 만화에 인생을 건 김수용 작가와 이제 막 만화가를 꿈꾸기 시작한 진광이에게는 천국이 따로 없었다.

"진광아, 저거 뭐야?"

"〈학전도시〉라는 애니메이션이야."

"저거 봤어?"

"응."

일본 만화라면 웬만한 작품은 꿰고 있는 김수용 작가지만 일본 애니메이션에 관해서 만큼은 진광이에게 한 수 배워야 할 것 같다.

그때 부자의 시선을 사로잡은 먹을거리가 있었으니 바로 로봇 건담 모양의 풀빵이었다. 건담 모양의 틀에 밀가루 반죽을 붓고 생크림, 마요네즈에 버무린 베이컨 등을 속에 넣어 구워낸 풀빵이었다. 건담 풀빵을 파는 가게 앞에서 진광이보다 로봇 마니아인 김수용 작가가 더 신이 났다.

"와우, 건담 풀빵 너무 귀엽지 않냐. 진광아, 저거 세 개만 달라 그래."

"고레 미쯔 오네가이시마스."

진광이가 번역기 도움도 없이 능숙한 일본어로 주문을 했다. 따로 공부를 한 게 아니라 일본 애니메이션과 게임을 하면서 자연스레 익힌 일본어였다.

건담 풀빵을 먹으며 부자는 아키하바라 중심에 자리한 만다라케로 향했다. 만다라케는 중고 만화책과 애니메이션 피규어 등을 취급하는 대형 만화유통업체다. 아키하바라의 만다라케는 8층 건물 규모로 만화 애호가들에겐 하루가, 아니 1년 365일이 모자란 곳이다.

1층부터 빽빽이 들어찬 각종 피규어들이 서로 날 좀 보라고 손짓하는 이곳에서 김수용 작가는 정신을 똑바로 차릴 수가 없었다. 그 가운데 김수용 작가의 마음을 송두리째 앗아간 진열대가 있었다. 바로 그의 영원한 우상, 마징가였다.

"진광아, 이리 와 봐. 어우 진짜 박력 있지 않냐?"

"전혀."

"왜, 멋있잖아."

"난 별론데?"

"진정한 마징가 덕후라면 이게 있어야 하는데. 이게 뭔 줄 알아? 마징가 격납고야. 이걸 세 개는 가져야 진정한 마징가 덕후라고 할 수 있지."

"아이, 참…."

"와, 이건 갖고 싶다. 진짜! 진광아, 나중에 돈 벌어서 아빠 저거 사줘. 부탁이야."

"……."

김수용 작가는 이미 250여 점의 마징가 피규어를 소장한 열혈 마

니아다. 그의 마징가 사랑은 어린 시절로 거슬러 올라간다. 텔레비전에서 방영하는 일본 애니메이션, 〈마징가 Z〉를 보고 자란 세대다. 마징가 방영시간이 되면 골목을 가득 메우던 아이들이 흔적도 없이 사라지곤 했다. 텔레비전이 있는 친구네 집에서 경건한 마음으로 마징가를 영접하던 시간이 어린 김수용에게는 가장 큰 행복이었다. 마징가를 보면서 처음 가졌던 꿈은 마징가를 만드는 과학자가 되는 것이었다. 그러나 점점 시간이 흐르면서 현실은 만화가 아니라는 사실을 깨달았고, 그의 꿈도 궤도를 수정했다. 그렇게 다시 꾸게 된 꿈이 바로 마징가 같은 만화를 그리는 사람이었다. 지금의 그를 있게 한 영웅, 마징가. 김수용 작가에게 마징가는 초심이었고, 에너지였다.

그 옆에는 또 다른 추억이 진열되어 있었다. 〈돌아온 아톰〉, 〈로봇 찌빠〉, 〈도깨비 감투〉 등 발간된 지 3~40년이 훌쩍 넘은 만화들이 신간보다 고가에 매입, 판매되고 있었다. 그의 청소년기를 끌어안아 준 만화책들이었다. 오래된 작품일수록 가치가 떨어지거나 아예 사라져버리는 우리나라의 현실과는 사뭇 달랐다.

그가 옛 친구들과 회포를 푸는 사이, 진광이도 자기만의 세계에 푹 빠져 있었다. 진광이는 마징가 같은 로봇만화나 피규어에 전혀 관심이 없다. 소년 만화를 좋아하는 김수용 작가와는 취향이 전혀 달랐다. 그래서 아빠 만화도 안 본다는 진광이 취향은 판타지나 순정 만화였다.

진광이는 '마시마 히로'라는 작가의 판타지물을 좋아한다. 〈페어리 테일〉이라는 애니메이션이나 로맨스 만화 같은 걸 좋아하고 그리고 싶은 진광이다. 텔레비전이나 애니메이션으로 보던 작품들의 원작 만화가 진열된 서가 앞에서 진광이는 처음으로 밝은 표정을 지어 보였다. 그런 진광이를 보면서 김수용 작가는 아들의 관심이 어디로 쏠려 있는지 처음 알았다. 그가 본 아들의 표정은 행복이었다. 그 모습을 보며 생각했다. 진광이에게서 저런 표정을 본 게 언제였던가 하고.

이날 진광이는 정말 행복했던 모양이다. 디저트 가게에서는 아이스크림 도넛을 크게 잘라 아빠 입에 넣어주기도 하고, 아빠와 함께 그렇게 싫다고 하던 셀카를 찍기도 했다. 오늘 하루 김수용 작가가 한 일이라곤 진광이가 좋아하는 걸 함께 봐주고 함께 먹어주고 얘기에 귀를 열어준 것 말고는 없었는데, 아들은 너무나 다른 모습을 보여주었다.

다음 날, 둘은 도쿄 외곽의 한적한 주택가를 찾았다. 이곳엔 김수용 작가가 형님으로 모시는 일본의 유명 만화가, 기무라 나오미가 산다. 일본에 오기 전 미리 기별을 넣어둔 터였다. 기무라는 작업도 미루고 김수용 작가 부자를 기다리고 있었다.

기무라 나오미는 15살 때 만화계에 데뷔하면서 신인상까지 수상한 일본의 천재 만화가다. 국내에는 편의점 세븐 일레븐의 유통혁명을 다룬 작품 〈기적의 프로젝트 X〉 시리즈로 잘 알려져 있다. 김수용 작가와는 1997년 한국에서 개최된 두 번째 국제만화가대회에서 만나 지금까지 친분을 이어오고 있었다. 행사 내내 밤마다 술을 마시다 친해진 사이였다.

"군노 오또오상와 아이도루노요우다."

"진광아, 형님이 뭐래?"

"아빠, 아이돌 같대."

김수용 작가의 힙합 패션과 남다른 헤어스타일에 기무라 나오미가 던진 농담이다. 김수용 작가는 진광이에게 기무라 나오미를 꼭 소개해주고 싶었다. 천재적인 만화가를 아들에게 소개해주고 싶은 마음도 있었지만, 무엇보다 그의 작업 방식 때문이다. 인터넷이 등장하면서 만화산업에도 새 바람이 분 지 오래다. 종이 만화보다 웹툰이 대세가 되면서 작업방식도 디지털화되었다. 일본에서도 만화 작업에 디지털 시스템이 도입된 지 오래지만, 기무라 씨는 지금도 종이와 펜 작업을 고수하는 몇 안 되는 만화가 중 한 명이다. 특히 그의

나는 '힙합 꼰대'다

작품은 완성도 높은 그림체와 생생한 캐릭터 묘사로 유명하다.

디지털 작업에 비해 수작업은 훨씬 공이 많이 든다. 그만큼 섬세함과 완성도, 가치의 측면에서도 디지털 작업을 뛰어넘는다고 김수용 작가는 생각한다. 시대가 변해 개성만으로도 충분히 작품을 인정받는 시대가 되었다지만, 결국 작품의 가치를 높이는 건 작품에 들어간 작가의 공이라고 믿는다.

디지털 작업에서는 선 한 번 잘못 그은 것쯤이야 간단히 지워버릴 수 있는 실수지만, 펜 작업에서는 어림도 없다. 그만큼 온 마음을 기울여 작업에 임해야 한다. 진광이가 디지털 작업을 배우기 전에 펜 작업을 먼저 배웠으면 하는 것도 작품에 공을 담는 마음가짐을 먼저 배웠으면 해서다.

기무라 나오미는 캐릭터와 배경을 연필로 먼저 디테일하게 그려 넣은 다음, 펜으로 세심하게 작업을 한다. 그의 작업 방식은 이제 한국에서는 찾아보기 힘들다.

"스푼 펜은 선이 얇아서 주로 배경을 그릴 때 쓰고, G 펜은 인물 선을 그릴 때, 마루 펜은 직선 작업을 하기에 좋단다."

기무라 나오미는 펜 종류와 사용법을 자세히 설명해가며 진광이를 위해 작업을 시연해 보였다. 진광이를 위한 단독 특강인 셈이었다.

진지하게 그의 작업을 들여다보는 진광이 모습에 김수용 작가는 뿌듯했다.
 판타지 만화를 그리고 싶다는 진광이 얘기에 기무라 나오미가 책장 속에서 만화책 한 권을 뽑아왔다. 그가 중학교 3학년 때 그린 작품으로 자신의 첫 SF 판타지물이었다. 기무라 나오미가 작가로 데뷔하던 시절엔 근육질의 스포츠맨이 각광받는 시절이어서 만화도 남성미를 강조하는 소년 만화들이 대세였다. 그러나 그도 진광이처럼 판타지나 로맨스물에 관심이 더 많았다. 비록 판매에 있어서는 성공하지 못한 책이지만, 그는 자신의 노력이 헛되었다고는 생각하지 않았다. 남들이 알아주지 않는 그 시간이 쌓여, 결국 지금의 자신을 이루는 자산이 되었다고 그는 말했다.

 "무슨 생각을 하든 어떤 그림을 그리든 진광이가 부끄러워하지 않았으면 좋겠어요. 만화라는 것은 자기 생각을 자꾸 토해내는 것이니까 사람들에게 보여주는 게 중요해요. 내가 못 그렸다고 생각하는 게 남들이 보기에는 재미있는 것일 수도 있어요."
 기무라 나오미는 들고 있던 자신의 책에 직접 사인해서 진광이에게 선물했다. 진광이가 당당하게 자신만의 이야기를 써나갈 그 날을 응원하기 위해서다.

기무라 부부는 저녁 식사까지 대접해줬다. 기무라 나오미가 직접 끓인 카레였다. 저녁 식사 시간에는 그의 큰아들인 이사미도 함께 했다. 이사미도 아버지의 영향을 받아 만화 산업에 종사하고 있었다. 하지만 아쉽게도 진광이는 함께 하지 못했다. 늘 방 안에서만 지내다가 오랜만에 외출을 한 탓인지 몸살기가 도지고 말았다. 그런 연유로 식탁 위의 화제는 자연히 진광이에 대한 김수용 작가의 고민 상담이 되었다. 벌써 수년째 집 밖 출입이 거의 없이 지내는 아들을 세상 밖으로 어떻게 끌어내야 할지 고민이라는 말에 이사미가 자신의 얘기를 들려줬다.

대학 진학을 세 번이나 실패한 이사미는 당시 부모님의 이혼까지 겪으면서 극심한 스트레스를 받았다고 한다. 그때부터 방에 틀어 박힌 이사미는 이른바 히키코모리, 즉 은둔형 외톨이가 되었다. 그러다 3년째 되던 어느 날, 누구의 강요나 부탁이 아닌 자신의 의지로 문을 열고 세상으로 걸어 나왔다고 했다.

그러면서 덧붙였다. 결국은 스스로 답을 찾을 거라고 말이다. 아버지가 해줄 수 있는 일은 그때 아이가 손 내밀 수 있고, 만날 수 있는 곳에 있어주는 것이라고 했다. 그것이야말로 아버지가 해줄 수 있는 일, 가장 중요한 아버지의 역할이라는 말도 덧붙였다. 그의 얘기가 김수용 작가에겐 세상 그 어떤 말보다 위안이고 희망이 됐다.

이번 여행은 아들인 진광이가 아니라 김수용 작가를 위한 여행이 됐다. 아들의 관심사와 아들이 필요로 하는 게 무언지를 깨닫는, 아들을 배우는 여행이었다. 누에고치 속에서 날개를 펼칠 그 날을 위해 인고의 시간을 보내는 나방처럼, 진광이는 지금 자신만의 성장통을 겪는 중이다. 아이에게 필요한 건 시간, 그리고 아빠인 김수용 작가에게 필요한 건 기다림이었다.

2박 3일간의 여행 마지막 날, 김수용 작가와 진광이는 나란히 서서 도쿄의 야경이 아름답게 펼쳐지는 레인보우 브리지를 바라다봤다. 그는 그동안 혼자 조용히 간직하던 속내를 조심스레 내비쳤다.
"너랑 여행도 하고 사진도 찍고. 살다 보니 이런 날도 오기는 오는구나. 영광이다, 이놈아."
"그러게."
"여기 음식도 네 입맛에 맞는 거 같고, 네가 좋아하는 애니메이션도 실컷 볼 수 있는데, 너 일본에서 만화 공부해보는 건 어때?"
"몰라. 생각해 볼게."
'네가 엄정화도 아니고 모르긴 뭘 자꾸 모르냐'는 소리가 목구멍까지 올라왔지만 그대로 꿀꺽 삼켰다. 그래, 아직은 너무 이를지도 모른다, 기다려야 한다고 자신을 다독였다.
"그래, 진광아. 알았어. 생각해 봐. 근데 남자가 칼을 꺼냈으면

무라도 잘라라, 두부라도 잘라라 뭐 이런 말 있잖아. 펜이 칼보다 강한 거야. 넌 그 강력한 펜을 들었잖아."

"아빠, 뭔 소리야?"

에구, 그렇다. 꼰대는 쉽게 바뀌지 않는 법이다.

꼰대 말고 등대

검은색 모자와 검은색 재킷, 검은 바지로 통일하고
절도 있게 안무를 맞춰보는 댄스팀 팝 위리어스.
그들 중에 현진이가 있다.

"아빠가 지어준 문구가 마음에 들어요."

모자에 새긴 'All can K'는 '뭐든지 할 수 있다'는 의미다. 'K'는 현진이의 성에서 따온 이니셜이다. 김수용 작가가 지어준 문구에는 '현진이는 뭐든지 할 수 있다'는 아빠의 믿음이 담겨 있다.

오늘은 현진이가 다니는 댄스 아카데미에서 개최하는 댄스 경연대회가 있는 날이다. 아빠와 오빠 둘이 함께 응원을 온다는 말에 현진이는 흥분을 감추지 못했다. 아빠야 그런가보다 할 수도 있지만, 오빠 진광이가 함께 온다니 처음에는 믿지 않았다.

"현진아, 네 공연 순서가 몇 번째라고?"
"네 번째."
"알았어. 파이팅!"

정말 왔다. 그것도 둘이 함께. 마감 끝내고 쉬지도 못한 채 달려와준 아빠와 사람 많은 곳을 싫어하는데도 불구하고 인파로 북적이는 홍대 앞까지 먼 외출을 감행해준 오빠, 현진이는 오늘 엄청나게 든든하다.

아카데미에서 춤을 배우기 시작한 지 4개월, 그동안 현진이 실력이 얼마나 늘었을지 김수용 작가도 궁금했다. 현진이가 춤을 정식으로 배우고서 서는 첫 무대인 만큼 이날을 기록해두려고 카메라까지 챙겨왔다.

이번 경연대회의 사회를 맡은 비트박스 팀 프리마테의 루팡(비트박서)이 멋진 비트박스 공연으로 경연대회는 포문을 열었다. 어린이 팀부터 청소년 팀 그리고 상급반 팀까지 학원 수강생들이 펼치는 다채로운 공연이 이어졌다.

세 번째 팀의 공연이 끝나자 김수용 작가는 재빨리 카메라를 들어 올렸다.

"다음 팀을 맞이할 준비 되셨나요? 자 그럼 가보도록 하겠습니다. 팝 워리어스!"

사회자의 소개와 함께 한 무리의 검은 그림자가 무대로 들어섰다. 무대에 조명이 들어오면서 곧바로 공연이 시작됐다. 열 명의 댄서 중 가운뎃줄, 왼쪽에서 두 번째에 현진이가 있다. 아무리 똑같은 옷을 입고, 아무리 멀리 있어도 자기 자식은 알아보는 법이다. 김수용 작가의 눈에는 현진이만 보였다. 팝핀 전사들이라는 팀 이름처럼, 표정 없는 얼굴로 절도 있고 탄력적인 느낌의 팝핀을 선보였다.

'자식, 4개월 만에 제법이네!' 싶던 순간, 김수용 작가가 피식 웃었다. 현진이가 안무를 틀린 것이다.

현진이도 순간 민망한 웃음을 흘렸지만, 곧 마음과 표정을 가다듬고 퍼포먼스에 몰입했다.

김수용 작가는 그런 현진이가 무척 대견했다. 춤을 잘 춰서가 아니라 무대를 즐기는 모습이 대견해서다.

항상 마감에 쫓기는 직업이다 보니 아이들이 어릴 때부터 집에 자주 못 들어가는 날이 많았다. 그래서 지금보다 아빠가 더 필요한 시

기에 그 역할을 충분히 해주지 못했다. 그런데도 큰 말썽 없이 스스로 꿈을 찾고 즐길 줄 아는 아이로 자라준 게 고마웠다.

그런 아빠의 마음을 알 리 없는 현진이는 공연이 끝나고 옷을 갈아입는 내내 울상이었다. 공연 시작하자마자 동작을 틀린 게 너무 창피하기도 했지만, 일부러 여기까지 보러 와준 아빠와 오빠에게 괜히 미안했다.

"괜찮아, 우리 딸. 고생했어."

"아빠가 꽃다발을 다 준비했네."

현진이는 꽃다발이 없어도 서운하지 않았을 것이다. 자신에게 가장 중요한 날 아빠와 오빠가 함께 있어준 것만으로도 큰 선물이기 때문이다. 진광이 선물은 엄지 척. 표현에 인색한 오빠에게서 받아본 가장 값비싼 칭찬이었다.

"오빠는 아까 나 말고 다른 사람만 계속 쳐다보더라?"

현진이의 말에 진광이는 머리를 세차게 도리질했다. 남매의 토닥거림이 김수용 작가에게는 그지없이 사랑스러워 보였다. 쑥스러워 말을 못하는 오빠를 대신해 아빠가 한마디 했다.

"그건 또 어떻게 봤어?"

"춤추다가 보니까 오빠가 선생님 쪽만 쳐다보면서 입 벌리고 있었어."

"그랬어? 아빠는 너만 보고 있었어. 아빠가 보기엔 네가 제일 잘 했어. 기특해. 예뻐. 근데 다음엔 화장하는 법도 좀 배우자. 눈썹이 오혜성(외인구단의 만화 주인공) 같아."

두 아이와 함께 사진을 찍는 게 얼마만인지 모른다. 두 아이를 옆에 세우고 카메라 앞에 선 김수용 작가는 세상을 다 가진 듯 행복했다.

그가 아주 가끔 꺼내보는 영상이 하나 있다. 영상 속에서는 여섯 살 진광이와 세 살 현진이가 얼음판을 미끄러지는 썰매 위에서 자지러지게 웃고 있다. 그리고 그 썰매의 줄을 잡고 있는 사람은 김수용 작가의 '꼰대' 아버지다. 아들인 자신에게는 한 번도 보여준 적이 없는 온화하고 인자한 미소를 얼굴 가득 머금고 아이들과 노는 모습이 행복해 보인다.

김수용 작가는 그날 이유 없이 짜증을 냈던 자신이 떠올랐다. 마감을 끝내고 모처럼 쉬는 날 아버지께 끌려나가야 하는 게 짜증이 났었다.

아버지가 아니었다면 이렇게 소중한 영상을 평생 간직할 수 없었을 거라 생각하니 뒤늦게 한없이 감사한 생각이 들었다.

은퇴 후 가족 곁으로 돌아온 아버지는 틈날 때마다 가족과의 추억을 만들기 위해 애쓰셨다. 마감에 치여 어린 남매에게 소홀할 수밖에 없었던 김수용 작가를 대신해 아이들을 썰매장으로 놀이공원으로 데려가 살갑게 놀아준 사람도 아버지였다.

'아버지에게 저런 모습이 있었던가?' 자상하고 친근한 아버지의 모습은 성장기의 김수용 작가가 알던 아버지가 아니었다.

"아버지가 언젠가 술 한 잔 드시면서 그런 말씀을 하신 적이 있어

요. '옆에 있어주지 못해 미안했다'고 하시더라고요. 아버지도 아들한테 살갑게 표현하지 못하셨던 게 후회되셨던가 봐요."

어린 손주들을 대하는 아버지의 마음은 지난 세월 아들에게 해주지 못했던 사랑의 표현이었을 것이다.

아버지가 했던 그 말들은 어쩌면 그동안 김수용 작가가 애타게 찾던 답인지도 모른다.

아이들에게 먼저 다가가는 친근하고 자상한 아빠. 감시하고 잔소리를 늘어놓는 것보다 아이들에게 관심을 가져주는 아빠. 아이들이 필요할 때, 아이들의 중요한 순간마다 곁에 있어주는 아빠. 자신이 어릴 적 가지고 싶었던 아빠의 모습이, 지금 자신의 아이에게 보여줘야 할 아빠의 모습이라는 것을 말이다.

김수용 작가는 이제부터 아이들에게 꼰대 말고 등대가 되어주겠다고 다짐했다. 가만히 빛을 밝히고 서서 길 잃은 아이들의 마음 쉴 곳이 되어주는 등대 말이다.

"모르면 물으면 되지. 입 뒀다 뭐할겨.
나는 처음부터 소 키우고 농사지은 줄 알어?
모르면 배워야 할 거 아녀.
하여간 요즘 것들은 뭘 배우려고 들질 않어."
"이놈아, 너도 자식새끼 낳고 한번 키워 봐라,
부모 마음이 어떤지."

<1화 꼰대유전자>

우리집에는 꼰대가 하나 있었다......

그것은 우리 아버지...

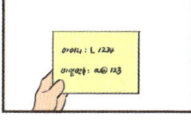

2015년 8월의 어느 날...

아버지는 새로운 것을
배우려 하지 않으셨다...

문득 그런 생각이 들었다.
아버지는 처음부터
꼰대였을까?

태어날 때부터
이러시진 않았을텐데...
아버지의 과거가
궁금해졌다......

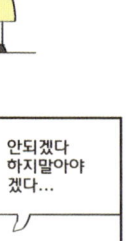

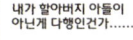

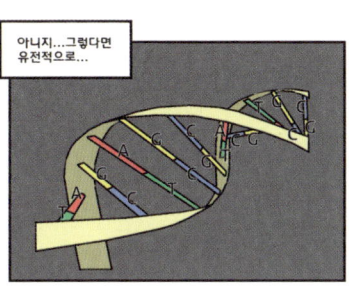

아들보다 소?

"정일아! 요놈 두 달 있다가 새끼 낳을 거여. 송아지들이 젖을 계속 빨면 안 되니께 떼어놔야 돼. 저 짝으로 옮겨."

"옮기라고요? 언제? 내일?"

"답답한 소리 하네. 내일은 무슨 내일이여. 지금 옮겨야지."

정일 씨가 70두 한우의 사료 배식을 끝내자마자 떨어진 아버지의 엄명이다. 평소 같으면 읍내로 마실 나가 한 잔 걸치고 있을 시간인데 오늘따라 어쩐 일로 축사 행차를 했나 했더니 정일 씨에게 시킬 일이 있었던 게다.

정일 씨가 회초리를 챙겨 들고 소에게 다가갔다. '훠이, 훠이!' 큰 소리로 소를 쫓으면서도 정일 씨는 내심 조심스러웠다. 흔히들 소를 순한 동물로 알고 있지만, 성질이 나면 이만큼 위험한 동물도 없다. 600~700kg씩 하는 소가 작정하고 들이받으면 사람의 힘으로는 견뎌낼 도리가 없는 것이다. 실제로 소 키우는 농가에서는 소에 받쳐

농부가 다치거나 사망하는 사고가 간혹 일어나곤 한다.

정일 씨가 회초리를 들고 딴에는 성큼성큼, 위협하듯 소들에게 다가갔지만 소들은 큰 눈만 껌벅이며 움직일 생각을 안 한다. 마치, '황소인 나를 너 정도가 어쩔 건데?' 하듯 질기게 버틴다.

정일 씨는 소를 떼어놓는 일보다 참을성 없는 아버지가 한소리 하실까 봐 더 진땀이 난다. 아니나 다를까, 뒤에서 지켜보던 아버지의 레프트 훅이 날아왔다.

"소들이 저놈을 무시하는겨. 그러니 말을 안 듣는겨. 에라이, 덩치값도 못하는 놈 같으니라고."

아버지는 그깟 소도 못 다스러서 쩔쩔매는 아들이 답답하기 짝이 없다. 아버지 말에 의하면 소도 집안에서 누가 실세인지 눈치가 빤하다고 한다.

정일 씨가 새끼 밴 어미소를 겨우 떼어놓고, 축사를 분리하는 중간 철문을 닫으려는 찰나, 아직 흥분을 가라앉히지 못하고 있던 어미 소가 다시 날뛰었다. 순식간에 벌어진 일이었다. 날뛰던 어미 소가 뒷발로 찬 철문에 정일 씨가 가슴팍과 정강이를 세게 얻어맞고 그 자리에 나동그라지고 말았다. 모두가 깜짝 놀라 숨 쉬는 것조차 잊은 그때, 정적을 가르는 아버지의 고함이 쏟아졌다.

"야, 소 안 쫓고 뭐혀. 소를 빨리 쫓아야지!"

아버지의 라이트 훅이 귓전을 때렸다. 정일 씨는 놀란 가슴을 추스를 새도 없이 벌떡 일어났다. 철문에 얻어맞은 가슴팍이며 정강이가 얼얼했지만, 생각할 겨를이 없었다.

정일 씨는 황급히 소를 몰아 겨우 다시 우리로 집어넣었다. 소똥 범벅이 된 채 절뚝거리며 축사를 빠져나오는 정일 씨에게 아버지의 결정적인 한 방이 날아들었다.

"바보처럼 소도 못 몰고. 저렇게 맨날 소한테 얻어맞기만 하는 놈이 도와주기는 뭘 도와줘."

아들이 다쳤는데 걱정도 안 되나 싶어 정일 씨는 서운했다. 자식이 중요한지, 소가 중요한지 따져 묻고 싶은 마음을 억누르고 정일 씨는 수돗가로 향했다. 소똥 범벅이 된 팔다리를 씻어내는 정일 씨 뒤에서 아버지는 담배만 뻑뻑 피우고 있었다.

정일 씨 아버지는 한 마디로 성질이 불같다. 당신 성에 차지 않으면 가차 없이 호통부터 쳐대는, 한 마디로 '버럭 꼰대'다. 정일 씨로서는 웹툰작가라는 본업이 따로 있는 데다 농사나 축사 일은 경험도 부족하고 적성도 맞지 않아 한다고 해도 서툰 게 사실이다. 아버지를 돕느라 딴에는 최선을 다하는데, 그저 작은 실수도 그냥 넘기지 못하는 아버지가 정일 씨는 가끔은 섭섭하다.

그러나 그런 아들의 상황쯤은 아버지에게는 변명에 불과하다. 아버지는 전혀 입장이 다르다.

"다 변명이고 핑계여. 나는 태어나면서부터 농사지었남? 지가 제대로 안 배우려고 해서 엉망인 거지 무슨 말이 그리 많어."

예나 지금이나 정일 씨는 아버지 말에 토를 달아본 적이 없다. 아버지 역시 당신 말이 곧 진리고 법이라고 믿는 분이다.

정일 씨는 지난여름 사람들 앞에서 '천하에 벼락 맞을 놈'이 됐다. 감자를 수확하던 날이었다. 요즘은 시골에서 일손을 구하기도 어렵거니와 하루 일당도 높아 웬만하면 하루 안에 수확을 끝내려고 새벽부터 서둘렀다. 무려 5천 평이나 되는 밭의 감자 수확을 돕기 위해 정일 씨는 웹툰까지 휴재를 했다. 감자 수확 때문에 휴재한다고 공지를 했더니, '무슨 감자를 캔다고 웹툰을 쉬느냐?', '뻥도 기상천외하다.' 등등 독자들의 원성이 자자했다.

그날 정일 씨의 역할은 고랑마다 캐서 올려놓은 감자를 자루에 담아 트랙터로 트럭까지 옮겨 싣는 일이었다. 일은 많은데 찌는 듯한 무더위에 작업이 더디다 보니 아버지 신경이 날카로울 대로 날카로웠다. 다른 일손들에게는 뭐라 할 수 없다 보니 아들이 가장 만만했다. 한 걸음 뗄 때마다 동작이 굼뜨다는 등 짜증이 쏟아졌다. 그런 아버지 눈치 보랴 처음 해보는 낯선 트랙터 몰랴 정일 씨는 잔뜩 긴장한 상태였다. 그러더니 결국 사달이 나고 말았다.

자루 하나에 감자를 가득 채워 트랙터로 막 들어 올린 순간이었다. 자루가 찢어지면서 애써 담은 감자가 와르르 쏟아져 내렸다. 동시에 아버지의 불벼락도 정일 씨 머리 위로 떨어져 내렸다. '일을 도와줬더니, 되레 벌이고 앉았느냐'며 아버지는 사람들 앞에서 버럭 버럭 역정을 내셨다. 정일 씨 실수가 아니라 자루가 찢어져서 생긴 일이라고 항변해봤지만, 소용이 없었다. 자루가 찢어진 것도 '조심성 없고', '사리분별이 없는' 정일 씨 탓이라는 잔소리만 더 벌어들었다.

하루 이틀 일도 아니고 서른 평생을 겪어온 일이지만, 이유를 불문하고 화부터 내는 아버지를 볼 때면 도대체 왜 저럴까 싶은 생각이 정일 씨는 절로 든다.

정일 씨 입장에선 지금껏 한 번도 아버지의 화가 정당하다고 느껴 본 적이 없었다. 아마 앞으로도 그럴 것이다. 그 결론의 끝에는 아버지는 꼰대라는 인물평이 자리하고 있다. 당신 기준에서 조금이라도 벗어나는 건 뭐든 잘못된 것이고, 자식 말에는 귀를 꼭 닫고 그 모든 걸 핑계와 변명으로 치부해 버리는 버럭 꼰대 말이다.

본인의 성정이 고약하다는 건 아버지 자신도 시원하게 인정한다. 성질이 나면 아들이고 딸이고 간에 '죽일 놈'이라고 성질을 부린다. 대신 뒤끝은 없다. 자신은 'so cool' 하다는 게 아버지의 주장이다. 그 순간은 화가 나 버럭 내지르고 보지만, 그게 본심은 아니란다. 사실 아버지의 거친 표현은 진심이 아니라 걱정에서 우러날 때가 더 많다.

정일 씨가 소를 몰다 다친 날도 그랬다. 겉으로는 '저 못난 놈, 소도 하나 못 몰고 얻어맞는다'고 혀를 찼지만, 속으로는 '저놈 저거 장가도 못 보냈는데 잘못되는 거 아닌가?' 싶어 실은 아찔했다. 내가 시킨 일을 하다 그랬으니 모든 게 내 탓인 것 같아 한없이 미안한 마음을, 습관처럼 그냥 아들에게 빽 하고 쏘아붙인 것이다.

소똥을 씻어내는 아들 곁에 다가가지 못한 것도 못마땅해서가 아니라, 안타까운 마음에 다가가지를 못한 것이다. 멀쩡한 아들놈 잡을 뻔한 아버지는 스스로 자책하며 담배만 뻑뻑 피워댄 것이다. 그게 꼰대의 진심이었다.

만화가가 웬 말이냐?

"정일이 아부지, 당신 〈세자전〉 안 봐?"
"안 봐."
"왜 안 봐?"
"재미없어."

어머니 차 여사는 〈세자전〉의 열혈 독자다. 하지만 아버지는 아들이 연재하는 웹툰을 한 번도 본 적이 없다. 보려고 해도 재미가 없다. 아버지는 정일 씨의 만화를 인정하지 않는다. 아들이 만화가가 되는 걸 바라지도 않았다. 사실 지금도 그다지 탐탁치 않은 게 사실이다. 아버지 기준에서 직업이란 자고로 4대 보험이 적용되고 매달 월급이 또박또박 나오는 안정적인 것이어야 했다. 그런 의미에서 언제 일이 끊길지 모르는 만화가는 아버지에게 결코 좋은 직업이 아니었다.
아버지는 고등학교 때 공부를 썩 잘했던 정일 씨가 법대로 진학해 판검사가 되거나 명문대를 나와 대기업에 취직하길 바랐다. 안정적이고 미래가 보장되는 직업을 갖길 바랐던 것이다. 아버지에게 정일 씨는 그런 바람을 거역한 고얀 녀석이었다.

그런 아버지를 보는 정일 씨 입장은 아버지가 그저 사람들에게 아들의 성공을 과시하고 싶은 꼰대였다. 안타깝게도 꼰대의 희망과 정일 씨의 꿈은 애초부터 그 노선이 달랐다.

정일 씨는 초등학생 때부터 만화가를 꿈꿨다. 교과서 여백은 정일 씨가 시간 날 때마다 베껴 그린 만화로 빼곡했다. 하루는 낙서로 가득 찬 교과서를 본 아버지가 크게 화가 나, 낙서 하나당 한 대씩 회초리를 맞은 기억도 있다. 그러나 정일 씨 꿈은 변함이 없었다.

고등학생이 되고 본격적으로 진로를 고민하면서, 아버지께 만화가의 꿈을 밝히고 미대로 진학하겠다는 결심을 말했다. 진심을 이야기하면 들어주실 거라 기대했기 때문이다. 하지만 정일 씨의 바람은 순진하기 그지없었다. 아버지는 만화가가 웬 말이냐고 노발대발했던 것이다. 평소 법대를 주장해오던 아버지였으니, 아들의 꿈은 턱도 없는 반항이고 배신이었다.

"만화나 배울 거면 공부할 필요 없어. 학교도 가지 마. 내일부터 학교 가면 다리몽둥이를 분질러 놓을 줄 알어."

아버지의 엄포에 정일 씨는 이틀을 결석했다. 결국, 이틀 만에 정

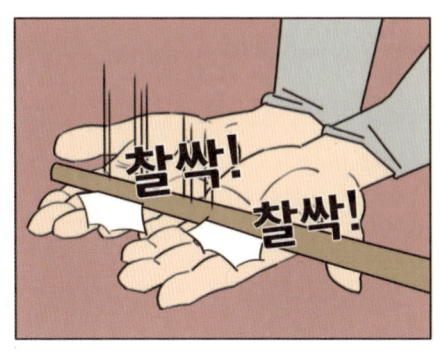

당시의 나는 꽤나 정직했다.....

일 씨는 아버지께 백기 투항을 했고 다시 학교에 나갔다. 꿈을 접을 수밖에 없었던 정일 씨는 법대는 아니지만, 항공대 기계공학과에 진학했다.

그러나 아버지는 서울대의 꿈을 버리지 못했다. 아버지의 권유로 결국 6개월 만에 자퇴하고 재수를 시작했다. 열심히 공부했지만 아버지의 바람은 이루어지지 못했다. 대신 전망이 좋다는 아주대 생명공학과로 진로를 바꿨다. 하지만 여전히 정일 씨의 적성에는 맞지 않았다.

생각을 정리할 시간이 필요했던 정일 씨는 입대했다. 하지만 군복무를 마치고 나서는 도저히 복학할 자신이 없었다. 만화가의 꿈이 자꾸 머릿속을 맴돌았다. 정일 씨는 아버지께 애니메이션 학과로 편입하겠다는 확고한 의지를 전했다. 그동안 당신 고집을 따랐던 아들이 끝내 마음을 못 잡는 걸 봐왔기에 아버지는 정일 씨를 더는 말릴 수가 없었다. 아버지는 침묵으로 승낙을 대신했다.

그렇게 정일 씨는 스물여덟이라는 늦은 나이에 미술학원을 다니며 그림 공부를 하고, 스물아홉에 애니메이션 학과로 편입했다. 웹툰 작가 데뷔도 서른이 넘어 했으니 남들에 비하면 많이 늦은 편이었다.

정일 씨는 가끔 생각했다. 진작 용기를 낼걸, 좀 더 빨리 아버지 말씀을 거역하고, 조금 더 일찍 그림을 시작했다면 만화가로서 입지와 경력을 지금보다 더 넓힐 수 있지 않았을까 하고 말이다. 하지만 그간의 고민과 갈등 그리고 그런 자신의 삶이 작품 활동에 재산이 될 수 있을 거라고 스스로 다독이곤 한다.

〈세자전〉이 시즌을 거듭 갱신하면서 독자들로부터도 많은 사랑을 얻고 있으니, 앞으로 아버지도 적극적으로 응원해주면 그보다 더 좋은 일이 없을 것이다.

하지만 아버지는 방에 틀어박혀 그림을 그리는 아들을 보고 있자면 답답증이 인다.

"젊은 애가 사회생활하면서 밖에서 사람들도 만나고 그랬으면 좋

겠는데 만날 방구석에 처박혀서 그 큰 덩치로 그냥 꼼지락 꼼지락 그림만 그리고 앉아 있으니까, 아휴, 보고 있으면 답답하쥬."

자식은 소처럼 가둬 키울 수 있는 것도 아니고, 가라는 곳으로만 가지도 않는다. 내가 낳았으나 내 맘대로 되지 않는 게 자식의 인생이라는 걸 제아무리 완고한 아버지라도 인정할 수밖에 없었다.

요즘은 만화에 대한 세간의 평가와 위상이 많이 달라졌다고도 하고, 무엇보다 본인이 그렇게 좋다고 하니 아버지도 더는 아들이 웹툰작가라는 게 부끄럽거나 뜯어말리고 싶지는 않다. 그러나 꼰대는 쉽게 바뀌지 않는 법이다.

아직도 아버지는 술을 좀 드셨다 하면 버리지 못한 미련을 정일 씨에게 내비친다. 이제라도 취직을 해보는 게 어떻겠냐고.

정일 씨는 생각한다. 우리 집 꼰대는 언제쯤 아들을 자랑스러워하실까…. 그러면서 다짐한다. 꼰대에게 인정받기 위해서라도 좋은 작품을 많이 그려서 만화가로서의 입지를 더 탄탄하게 다져야겠다고 말이다.

그러나 정일 씨가 모르는 사실이 한 가지 있다. 작년이던가, 아버지는 서울에 있는 친척 결혼식에 참석하려고 기차를 탄 적이 있었다. 맞은편 좌석에 여중생 몇이 앉아 웹툰 얘기를 하는데, 그 내용이 아버지 귀에 낯설지가 않았다. 마침내 쫑긋 세운 아버지 귀에 '세자전'이라는 단어가 날아와 꽂혔다. 옳다구나 싶었던 아버지는 한껏 목청을 가다듬고는 여중생들에게 물었다.

"너희들 〈세자전〉 누가 그렸는지 알아?"

"정이리이리 작가요."

"그 작가가 누군지 알아?"

"아니요."

"내 아들이여, 그 작가가. 내 아들."

그 뒤로 아버지가 인정하는 최고의 만화가 고우영만큼은 아니지만, 만화가인 아들을 당신이 키우는 쇠꼬리만큼은 인정하기로 했다.

꼰대로부터의 해방

"뭐가 급하다고 집 계약하자마자 전입신고를 해."
"그거 바로 해야 하는 건 줄 알았어."

오늘 아침 정일 씨는 천안에 마련한 신혼집 계약을 마치고 왔다. 간 김에 등기 이전과 함께 전입신고까지 해버렸는데, 그게 화근이었다. 차 여사 입장에서는 아들이 분가하는 것도 서운한 데 집을 사자마자 전입신고까지 덜컥 끝내버렸다니, 아무리 서류상이라도 아들이 이미 집을 떠나버린 것처럼 느껴진 것이다. 그런 생각 말아야지 했는데, 차 여사도 어쩔 수 없이 며느리에게 아들 뺏기는 심정이 되고 말았다.

"이 촌구석에서 일찍 도망가고 싶어서 그랬지 뭐, 다른 거 있겠어."
아버지까지 그렇게 거드니 정일 씨는 억울해도 할 말이 없었다.

부동산 중개업자가 등기 이전에 필요한 서류를 곧바로 떼다 달라기에 동사무소에 들러야 했고, 간 김에 전입신고까지 해치우면 좋겠다는 생각에 한 일이었을 뿐이었다. 아들 보내는 게 서운한 부모님 심정까지 미처 헤아리지 못한 정일 씨는 그저 난감하고 죄송할 따름이다.

무심한 척했지만, 차 여사만큼이나 아니 어쩌면 그보다 더 아버지도 상심했다. 지난 5년 동안 아버지에게 아들은 든든한 언덕이자, 반수족이나 다름없었다.

저녁마다 소 사료를 챙겼고, 농번기면 만화 그리는 것도 제쳐놓고 아버지를 거들었다. 아버지가 동네 친구들이랑 점당 50원짜리 고스톱 치다가 술 한 잔씩 걸치면 대리기사 노릇도 서슴지 않았다.

'정일아' 한 마디면, 득달같이 달려와 준 고마운 아들이었다. 겉으로 표현은 안 해도, 그런 아들이 곁에 있어 아버지는 얼마나 행복했는지 모른다. 그랬기에 아들이 장가를 간다 해서 독립을 할 거라고는 한 번도 의심해본 적이 없다. 아마 아버지가 하라면 다 하는 아들이었기 때문일 것이다. 하지만 그런 아버지의 기대는 보기 좋게 빗나가고 말았다.

결혼 날짜를 잡고 나서 정일 씨는 부모님께 분가 얘기를 꺼냈다. 천안에서 유치원 교사로 일하는 여자 친구의 출퇴근 문제도 있고,

정일 씨도 웹툰 작업에 좀 더 집중하고 싶어서였다. 솔직히 말해 결혼을 빌미로 꼰대로부터 해방되고 싶은 마음도 전혀 없는 건 아니었다.

아들의 분가를 아버지는 처음엔 반대했다. '집도 넓은데 뭐하러 돈 들여 집 사고 인테리어 하고 그 낭비를 하느냐'는 고집부터 시작해, '네가 나가면 이 많은 농사며 축사 일을 나 혼자 어떻게 하느냐?'고 동정표까지 구해봤다. 하지만 아들은 전에 없이 단호했다.

정일 씨가 애니메이션 학과에 편입하겠다고 한 이후, 아버지는 자식 이기는 부모 없다는 말을 다시 한 번 인정해야 했다.

아버지는 마지못해 아들의 분가를 허락했다. 더 이상은 당신 고집대로 아들을 이래라저래라 할 수가 없다는 생각이 들었다. 결혼 하고 나면 아들은 온전히 내 자식만은 아니다. 새로운 한 가정의 가장이자, 며느리의 남편이다. 아들이 더는 품 안의 자식이 아니라는 사실, 그리고 아버지의 그늘이 필요 없어졌다는 사실에 아버지는 어쩐지 서글펐다. 아버지의 말이 법이던 시절은 이제 지나갔다. 이제 그만 자식을 품 안에서 떠나보내야 할 때가 온 것이다.

아들이 살 집이니 먼저 한 번 보셔야 한다며 정일 씨가 두 분을 모시고 길을 나섰다. 아버지가 소 열 마리나 팔아 보탠 집인데도, 당신

살 집도 아닌데 보긴 뭘 보냐며 아직 제대로 집 구경도 하지 않았던 것이다.

신혼집은 내부 인테리어 공사가 한창이었다. 둘이 살기엔 널찍했고, 며느리가 직접 골랐다는 전등이며 벽지도 깔끔했다. 차 여사는 아들이 살 집을 구석구석 살뜰하게 살폈다. 그리고는 '싱크대가 편하겠네, 벽지도 고급스럽네, 전등도 예쁜 걸로 달았네' 하며 아들 살 집이 마치 아들인 양 칭찬을 쏟아냈다.

서운하다고 할 때는 언제고 마치 자기 신혼집인 것처럼 둘러보는 아내를 보며, 아버지는 '저런 속없는 여편네를 봤나' 싶어 괜히 못마땅했다.

아버지는 넓게 확장된 베란다고 편리한 붙박이장이고 보는 둥 마는 둥 그저 시큰둥이었다. 초점 없는 시선으로 집안을 휘둘러보고는 있지만 아버지 속은 내내 심란했다. 막상 아들이 살 집을 눈으로 보니, 정말로 아들이 곁을 떠난다는 게 실감이 났던 것이다. 아직 가구도 없어 휑한 공간인데도 괜스레 가슴이 답답해진 아버지는 이제 그만 집에 가자고 자꾸만 차 여사를 졸랐다.

"차 여사, 그만 가자니께."

"뭘 둘러보지도 않고 자꾸 가자 그래요?"

"아부지, 집 어때? 좋지 않아?"

"아이, 좋긴 뭐가 좋아. 그냥 알아서 잘 살어."
"아버지 왜 그려?"
"맘에 안 드니까 그려, 인마."

정일 씨는 순간 당황했다. 아버지 눈가에 촉촉한 물기가 번지는 게 보였던 것이다. 그리 멀리 떠나는 것도 아닌데, 도대체 분가가 뭐 그렇게 특별한 일이라고 아버지는 눈물까지 글썽이는지 정일 씨는 난감했다.

"그냥 집에 들어와 살면 을매나 좋아 그래. 뭐하러 인테리어 한다고 돈을 들이고……. 아유, 정일아, 그냥 집에서 같이 살면 좋잖어."
"아이고, 또 그런다. 잘 살게."

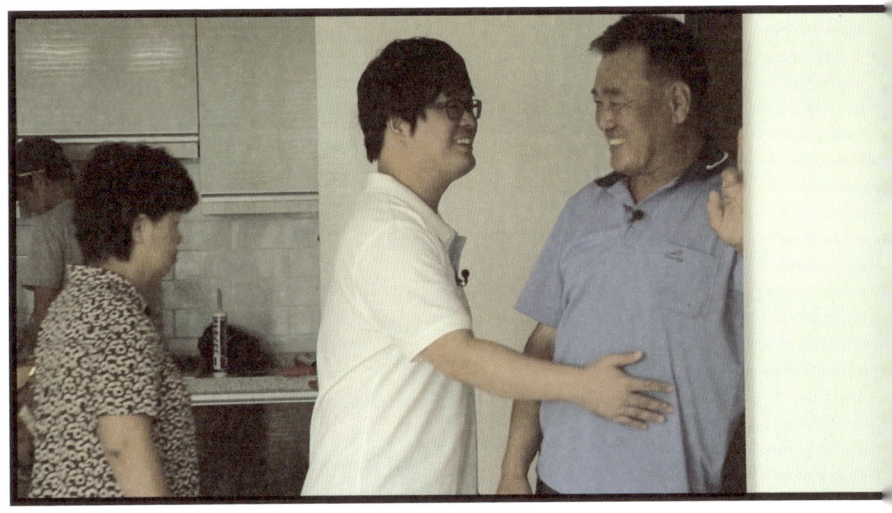

"그려, 어디 한 번 살아봐. 몇 년 살아보면 부모하고 사는 게 더 좋다고 느낄겨. 그럼 그때 들어와."

아버지는 담배나 태워야겠다며 밖으로 나가셨다. 그 뒷모습에서 정일 씨는 처음으로 아버지의 바람 빠진 어깨를 보았다. 아버지가 정말 늙었구나 하는 깨달음이 엄습한 것이다.

정일 씨는 아버지가 같이 살자는 이유가 가뜩이나 힘든 농사짓기가 힘든데, 일손까지 하나 줄어드는 게 걱정돼서 단순히 고집을 부리는 거라고만 생각했다. 그러지 않고서야 아버지가 굳이 정일 씨에게 함께 살자고 우길 이유가 없다고 생각했다. 평소 그리 살가운 대화를 주고받는 부자지간도 아니고, 자신이 제대로 농사를 돕는 것도 아니라 매번 야단만 맞았기 때문이다. 그런데 아버지의 속마음은 그게 아니었던 모양이다.

아버지는 일손 때문이 아니라 정말로 정일 씨와 함께 살고 싶었던 것이다. 아버지 마음에 안 드는 아들인 줄 알았는데, 그런 아들이라도 곁에 두고 싶었던 것이다. 그런 아버지의 마음을 지금까지처럼 그저 꼰대의 억지와 욕심이라고만 치부해버린 것 같아 정일 씨는 죄송했다. 무엇보다 아버지의 진심을 오해했던 게 마음이 아팠다. 정일 씨는 글썽이던 아버지의 눈물이 한동안 머릿속에 맴돌 것 같다.

"아무리 바빠도 한 달에 한 번씩은 부모님한테 가야쥬. 혼자 일하

기 힘드실 테니께. 급한 일이 있을 때는 더 자주 가구유."

아버지의 바람은 그보다 컸다.

"2주일에 한 번씩은 집에 온다더라고. 나한테 약속한 거니께 그렇게는 오겠지, 뭐. 올 때마다 용돈 줘여줘야지."

다 큰 아들에게 용돈을 줘여준다는 얘기에 차 여사가 발끈했다.

"아니, 용돈은 무슨 용돈을 줘? 당연히 왔다 갔다 해야지."

"아, 그래도 한 20만 원씩 손에 쥐여줘야 그거 받으러 자주 올 거 아니여."

만화나 그릴 거면 공부할 필요도 없다고 아들을 학교에도 안 보내던 천하의 꼰대는 어디로 갔단 말인가. 예순을 넘긴 정일 씨의 아버지는 조금씩 꼰대의 허물을 벗는 중이었다.

요즘 애들은 말이야

"모르면 물으면 되지. 입 뒀다 뭐할겨.
나는 처음부터 소 키우고 농사지은 줄 알어?
모르면 배워야 할 거 아녀.
하여간 요즘 것들은 뭘 배우려고 들질 않어."

정일 씨 부자가 이발소를 찾았다. 이발소는 남자들의 사랑방 같은 곳이다. 정일 씨는 오랜만에 이발도 하고, 결혼 소문도 내려는 일석이조를 노리는 아버지 손에 이끌려 나온 길이었다. 아니나 다를까 이발소에 있다 보면 동네 어른들을 만나는 건 일도 아니었다. 만나는 사람마다 아버지가 "이놈 장가 가."를 입에 달고 있다. 그러다 보니 다들 정일 씨에게 한마디씩 한다.

"정일아, 장가 드니께 좋아?"

사실 정일 씨는 아직 결혼한 게 아니다 보니, 별로 달라진 걸 알 수가 없었다. 게다가 어르신들이 좋으냐고 물으니 쑥스러워 마땅히

대답할 말도 생각이 나질 않아 씩 웃고 넘어가는 데 그럴 때마다 아버지가 한 마디를 보탠다.

"야, 이정일이 너 대답 혀야지. 아빠 친구가 물어보잖여. 어른이 물어보면 대답을 제대로 해야지. 요즘 애들은 대답도 안 혀."

이발하느라 아들을 제대로 쳐다보지도 않던 아버지는 정일 씨를 졸지에 버르장머리 없는 요즘 애로 만들었다. 뭐, 하루 이틀 듣는 소리도 아니니 정일 씨도 그러려니 한다. 더구나 이제 이 꼰대의 그늘에서 벗어날 날도 멀지 않았잖은가.

아버지의 '요즘 애들' 타령은 레퍼토리가 다양하다. 오죽하면 그간 아버지의 '요즘 애들' 에피소드를 묶어 웹툰을 한 번 그려볼까 하는 생각마저 했을까. 아버지와 같이 부대낀 게 벌써 5년째니 못해도 100여 개 에피소드는 족히 나올 것이다.

정일 씨가 대학을 서울로 진학하면서 시작한 10여 년간의 자취생활을 접고 아버지 곁으로 돌아온 건 지난 2010년, 부모님이 모두 신종플루에 걸린 게 계기였다. 두 분 모두 병원 신세를 지고 있다 보니 70두나 되는 한우와 5천 평이나 되는 감자밭에 논까지 두루 챙길 사람이 필요했다. 그런 상황에서 도움을 청하는 아버지를 정일 씨는 외면할 수가 없었다. 그때 막 웹툰작가로 등단했던 시기였는데, 웹툰 제작과 원고 송고 방식이 모두 디지털화되다 보니 작업을 꼭 서울에서 해야 할 이유도 없었다. 거기다 데뷔작인 〈잡초 이야기〉가 농촌생활에서 아이디어를 얻은 작품이라, 시골에서 생활하면 에피소드를 얻는 데도 도움이 될 거라는 긍정적인 기대도 있었다. 그러나 고향에 돌아온 그 날부터 자신이 충청남도 아산시 영인면 꼰대 이운재 선생 작(作), '요즘 애들' 시리즈의 주인공이 될 줄은 몰랐다.

고향에 돌아와 정일 씨가 가장 먼저 한 일은 한우 사료 주기였다. 소 먹이는 보통 건초를 쓰지만, 부족한 영양을 보충해주려면 사료를 함께 공급해줘야 한다. 그런데 실로 단단히 동여매진 사료 포대를 뜯는 게 처음인 정일 씨에겐 여간 어려운 일이 아니었다.

정일 씨는 매번 사료 포대를 끌어안고 씨름을 했다. 칼로 해도 정일 씨가 하면 이상하게 포댓자루는 뜯기고 찢겨 상처투성이가 된 주둥이를 힘없이 벌리곤 했다. 그걸 본 아버지는 혀를 끌끌 차며 놓치지 않고 한마디를 한다. '그게 뭐가 힘들다고 쩔쩔매고 앉았냐.'

아버지는 정일 씨 앞에서 보란 듯이 사료 포대 두 번째 마디의 실을 툭 끊는다. 그런 다음, 검투사가 검을 뽑듯 실을 힘 있게 쭉 잡아당기자 투르르르 하는 경쾌한 음과 함께 줄이 풀려나간 포댓자루가 우아하게 입을 벌렸다.

손을 탈탈 털며 돌아서는 아버지는 이런 말을 남긴다.

"요즘 애들은 머리를 쓸 줄 몰러."

정일 씨는 억울했다. 처음이라 잘 모르고, 손에 익숙하지 않아 그런 건데, 그냥 좀 다정하게 말해주면 어때서 꼭 그렇게 한 마디씩 쥐어박는 소리를 하는지 야속했다.

정일 씨가 소에게 처음 주사를 놓을 때도 그랬다. 아버지가 평소 정일 씨에게 신신당부한 것이 송아지가 설사를 하는지 안 하는지 지켜보는 것이다.

송아지의 설사는 곧바로 폐사의 위험이 있어서 바로 주사를 놓아야 하기 때문이다. 하지만 매일 곁에 붙어 앉아서 송아지들이 일을 볼 때까지 기다릴 수는 없는 노릇이니, 정일 씨는 송아지의 설사 확인을 어떻게 해야 할지 난감했다. 그런 정일 씨를 보며 아버지는 혀를 끌끌 차며 말한다.

"할 일이 그렇게도 없냐? 송아지 꽁무니를 쫓아다니게? 아, 송아지 똥구녕을 보면 새까맣잖아. 저게 설사한다는 뜻이여."

그제야 어떤 송아지는 뒤가 말끔한데, 어떤 송아지의 뒤는 까맣게 다른 게 눈에 들어왔다. 주사를 놔야 한다기에 주사를 들고 송아지에게 다가갔는데, 또 난감해졌다. 도대체 핏줄도 안 보이는 송아지 어디에 주사를 놔야 한단 말인가. 그냥 엉덩이에 놓으면 되나? 아니면 다리? 주사 놓을 자리를 가늠하느라 정일 씨가 송아지 주위를 뱅뱅 돌자, 그 잠깐을 못 참고 또 아버지의 호통이 날아왔다.

"앞에다 놔. 앞에다. 그냥 탁 찔러. 바보 같이 그것도 하나 못 혀냐."

"처음이니까 몰라서 그런 거지."

"모르면 물으면 되지. 입 뒀다 뭐할겨. 나는 처음부터 소 키우고 농사지은 줄 알어? 모르면 배워야 할 거 아녀. 하여간 요즘 것들은 뭘 배우려고 들질 않어."

하지만 정작 물어보면 그까짓 것도 못하고 물어본다고 잔소리, 혼자 알아서 할라치면 배우려고 하질 않는다고 잔소리다. 정일 씨는 어느 장단에 춤을 춰야 할지 몰라 복장이 터질 때가 많았다.

어디 그뿐인가. 본업인 웹툰을 매주 두 편씩 마감해야 하다 보니 가끔은 농사일을 거들지 못할 때도 있었다. 그러면 아버지는 그림은 좀 미리미리 그려놓으라며 '요즘 애들은 게을러터져서 미리미리 안 해놓는다'고 또 한소리를 한다.

결혼식 피로연을 놓고도 아버지의 '요즘 애들' 타령은 이어졌다. 정일 씨가 예식장이 집에서 30분 거리인데, 굳이 결혼식 전날 큰돈 들여가며 동네 피로연을 따로 해야 하느냐고 했다가 '요즘 애들은 예의도 전통도 모른다'는 호통을 들었다. 정일 씨는 그럴 때마다 사사건건 성에 안 차는 아들을 왜 끼고 살고 싶은지 아버지 마음이 다시 궁금해졌다.

언제쯤이면 아버지 성에 차는 아들이 될 수 있을까? 사실 정말 될 수나 있을지 모르겠다. 아무리 발버둥을 친다 해도 살아온 시대와 환경이 다르고, 인생의 경험치가 월등히 앞서는 아버지 눈에는 모자란 아들일 수밖에 없을 것 같았다. 하긴 2천 년 전 소크라테스의 기록에도 '요즘 애들은 싸가지가 없다'는 기록이 있다고 하니, 세월이 변하고 시대가 변해도 아버지들은 꼰대고, 정일 씨 같은 '요즘 애들'은 영원히 꼰대를 만족시킬 수 없을 것이다.

"좌우지간 아들 장가 들이니께 나는 홀가분혀. 아, 얼른 식 올려서 내보내고 이제 마누라 손잡고 여행이나 다녀야지."

이발을 마친 아버지는 인륜지대사를 앞두고 신성한 의식이라도 치르는 것처럼 목욕탕으로 정일 씨 손을 잡아끌었다. 정일 씨는 아버지 등을 밀면서 함께 목욕탕에 온 게 얼마만인가 생각해봤다.

아버지 손에 끌려 와서 때 미는 게 아파 도망 다니다가 아버지한테 등짝을 맞으며 때를 밀었던 기억은 중학생 때쯤 끊어졌다. 그 이후는 아버지가 아니라 친구들과 목욕탕에 갔던 것 같다. 문득 아들 없이 목욕탕에 온 아버지가 누구 손에 당신 등을 맡겼을지 궁금해졌다. 정일 씨는 아들로서 함께 하지 못한 아버지의 세월이 문득 서글프고 애잔하게 다가왔다.

그 사이 아버지 등은 옛날보다 좀 줄어든 것도 같고, 어깨가 조금 늘어진 것도 같았다. 그리고 보니 아버지와 함께 추억할 수 있는 기억이 너무 적었다.

"아부지 오래 살아야쥬."

"니가 속 안 썩이고 돈 많이 벌면 오래 살 테고, 장가들어서 속 썩이고 돈도 못 벌고 그러면 스트레스 받아서 일찍 죽을 테지."

"스트레스 안 받게 잘할게."

"가끔 와서 때 밀어줄겨?"

"자주 올게."

"말만? 오늘은 어째서 바쁘고 내일은 어째서 바쁘다고 핑계 대고

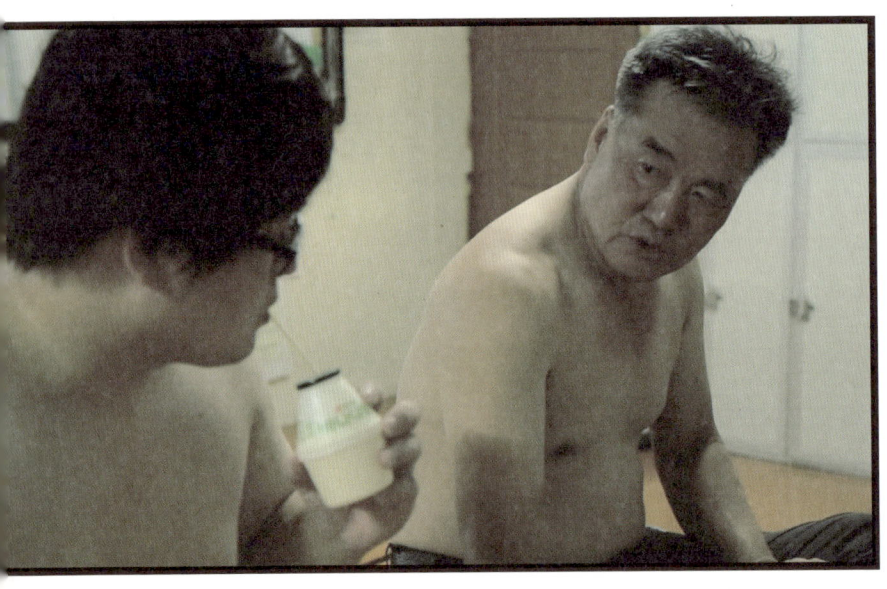

안 오고 그러면 아부지 때 껴서 죽어."

 아버지 뒤에 앉아 어느새 아버지의 머리카락에 하얀 서리로 내려앉은 세월을 보고 있자니 정일 씨는 그간 아버지의 고생이 느껴졌다. 굳은 손마디, 주름진 얼굴, 늘어진 어깨, 그 하나하나가 자식들 먹여 살리고, 가르치느라 아버지가 거쳐 온 세월의 흔적들이었다.

 '아버지, 낳아주시고 길러주셔서 감사합니다. 잘 살게요.' 아버지에겐 버르장머리 없는 요즘 애인 정일 씨는 차마 그 말을 입 밖으로 꺼내지 못했다.

자고로 가장이란 말이다

"이놈아,
너도 자식새끼 낳고 한번 키워 봐라,
부모 마음이 어떤지."

집 앞 신작로를 따라 삼삼오오 동네 할머니들 행차가 줄을 잇는다. 길가에 못 보던 자동차들도 줄줄이 늘어섰다. 드디어 정일 씨가 결혼하는 날이 다가온 것이다.

시골에서는 요즘도 결혼식 전날이면, 동네 이웃들과 모여 잔치를 벌이는 풍습이 남아 있다. 마당에는 천막이 쳐졌고, 떡에 고기, 잔치국수까지 마음 같아서야 어떻게 차려도 조촐하겠지만, 성의껏 100인분의 잔칫상을 준비했다.

그런데 하필 축협조합에서 체육대회가 있는 날과 겹쳐 손님이 생각보다 적었다. 날씨까지 도와주지 않고 설상가상으로 비까지 내리다 보니, 잔칫날인데도 아버지는 그다지 흥겹지 않았다. 하지만 흥겹지 않은 아버지 마음은 손님이 적어서가 아니었다. 비 내리는 하늘이 마치 아버지 마음을 아는 것 같았다.

"하늘도 슬퍼하는겨. 아들내미 내보낸다고. 자식새끼는 계속 끼고 살아야 자식새끼야. 소용없어, 이제."

"요즘은 장가들이는 게 아니라 며느리에게 아들 뺏기는 거래요."

손님이 건네는 농담이 아버지는 농담처럼 들리지 않았다. 정말로 30년간 지극정성으로 키운 아들을 며느리한테 빼앗기는 것 같아 서운하고 헛헛했다. 작년에 정일 씨 여동생을 먼저 시집보낼 때도 이렇게까지 서운하지는 않았다. 군인이었던 딸은 그동안 어차피 떨어져 살았기 때문인지 덤덤했는데, 곁에 끼고 살던 아들이다 보니 이별이 아무래도 더 아쉬운 것이다.

여동생 정희 씨는 유독 쓸쓸해 하는 아버지가 안쓰러웠다. 곁에서 아버지를 웃기기도 하고 낯간지러운 걸 무릅쓰고 애교도 부려보지만 얼굴에 드리워진 쓸쓸한 그림자를 지우지는 못했다. 언제 우리 아버지가 이렇게 이빨 빠진 호랑이가 됐나, 정희 씨는 서글픈 생각이 들었다.

"어렸을 때는 무서워서 아버지에게 말을 걸기가 싫었어요. 결혼 전에 나가 살 때도 고향에 친구들 만나러 와서는 집에는 안 들르고 간

적도 많아요."

정희 씨에게도 어린 시절의 아버지는 논리도 대화도 안 통하는 독재자였다. 불같은 성격이 아버지를 쏙 빼닮은 정희 씨는 '가부장'이라는 완장을 차고 가족 위에 군림하던 아버지의 꼰대질을 참지 못해 많이도 부딪혔다.

그러나 결혼을 해보니 아버지의 마음이 조금은 달리 들여다보였다. 아직 아이는 없지만, 그래도 한 가족을 건사해야 한다는 그 무거운 책임감을 조금이나마 느끼게 된 것이다.

경기도 양평에서 직업 군인으로 복무하고 있어 친정에는 자주 못 오지만 매일같이 아버지에게 문자를 하는 이유도 그래서다. 오랜만에 집에 올 때마다 그 옛날 오지게 무섭던 꼰대는 간데없고 세월의 나이테만 한 겹씩 늘어가는 아버지가 정희 씨는 그저 짠하다.

"야, 이정일, 마지막 밤인데 아빠랑 소주 한잔 하자."

잔치가 끝난 저녁 아버지가 정일 씨를 술상 앞에 불러 앉혔다. 아버지는 오늘 잔치 때문에 평소보다 술을 많이 드셨다. 하지만 아버지의 '마지막 밤'이라는 말에 말릴 수도 없었다. 사실 아버지와 술상을 사이에 두고 마주 앉는 일 자체가 한집에 살면서도 드물었다.

"가장이 되면 말이여, 아빠, 엄마, 장인, 장모, 니 마누라, 정희까지 화목하게 지내도록 네가 중간에서 잘해야 혀. 살살살. 그걸 못 하면

우리 집에는 꼰대가 산다 _ 141

니 생활은 낭떠러지, 그걸 잘하면 평평한 대초원인겨."

아버지는 아들에게 가장의 역할을 일러주고 싶었다. 가장에겐 등에 지고 가야 할 누구보다 막중한 책임이 있다. 요즘 세상에야 맞벌이 부부가 많다지만, 아버지는 세상이 아무리 변했다 해도 경제력이 가장의 첫 번째 조건이었다. 만화가가 되겠다는 아들을 기어이 말렸던 이유도 벌이가 불안정할까 봐 걱정되었기 때문이다. 다행히 요즘 세상엔 웹툰 작가가 인기도 꽤 있고, 밥벌이로도 괜찮다고 하니 그나마 다행이라는 생각이다.

두 번째 가장의 조건은 가화만사성이다. 자고로 집안이 평안해야 밖에서의 일도 잘되는 법이다. 가정을 잘 다스리지 못하는 가장은 가장도 아니다. 아버지는 아내한테 특히 잘하라고 당부했다.

"아버지는 남자니께 됐고, 여자들한테 잘 해줘야 혀. 네 엄마, 마누라, 장모 그리고 여동생한테 잘해야 혀. 엄마한테 팽 당하면 동생한테 팽 당하고, 마누라한테 팽 당하면 장모한테도 팽 당하는 거여."

정일 씨는 사실 아버지를 닮고 싶은 생각은 그다지 없었다. 화를 너무 잘 내는 꼰대라고 생각해서다. 하지만 부부 관계만큼은 부모님을 닮고 싶다고 생각해왔다. 예나 지금이나 두 분의 금슬 하나만큼은 어디다 내놔도 빠지지 않았는데, 은퇴 후에는 아예 실과 바늘처럼 종일 붙어 다녔다.

정일 씨는 기름기 쏙 뺀 아버지의 충고를 가슴속 깊이 새겼다. 결혼생활의 선배가 해주는 다른 어떤 말보다 속이 꽉 찬 충고라는 생각이 들었다.

"아빠는 너를 보내려니께 엄청 서운하다. 네가 마누라를 데리고 와야 하는데, 네가 가는 거 아니여. 그러니까 엄청 서운한 거지."

"요즘은 다 그려."

"다 그런 게 어딨어. 나는 내 뜻대로 딱 됐으면 좋겠는데 그게 안 되니까 성질나는 거지. 그런께 술로 성질을 죽이는 거지 뭐. 마음을 술로 죽이는 거여."

어릴 때는 아버지 말이 곧 법이었던 아들이었으니 성질이 날만도 했다. 그 생각을 하니 아버지께 처음 만화가가 되겠다고 했을 때가 생각났다. 그리고 그때처럼 '분가할 거면 장가고 뭐고 갈 필요 없어. 평생 혼자 살다 죽어' 하는 버럭 꼰대 아버지와 백발의 노인이 돼 혼자 청승스레 만화만 주야장천 그리고 있을 자신의 모습이 웹툰의 한 페이지처럼 겹쳐져 머릿속에 그려졌다.

아버지의 빈 술잔을 꼭꼭 눌러 채웠다. 감사한 마음이야 어떻게 다 말로 표현할 수 있을까마는, 정일 씨는 자주 오겠다는 말로 대신했다.

"아빠가 마지막으로 확실하게 얘기하는데, 너 한 달에 두 번씩

집에 안 오면 얄짤 없을겨."

2015년 9월 12일, 정일 씨는 아산 온양터미널 8층 예식장에서 결혼식을 했다. 식이 진행되는 내내 아버지는 무언가 잃어버린 사람 같은 허탈한 미소로 지켜보다가 가끔 눈가를 매만지곤 했다.
그날 밤, 아버지는 살림 빼내 간 아들의 방문을 열었다. 미처 옮겨가지 못한 책이며, 옷가지, 작업하면서 먹다 남긴 과자봉지 등 정일 씨의 흔적만이 아직 남아 아버지를 맞았다.
가끔 아들이 뭐하나 싶어 들여다보면 책상 앞에 옹송그리고 앉아 꼼지락 꼼지락 그림을 그리고 있거나 마감을 끝내고 곯아떨어진 아들의 피곤한 등이 보이거나 했다. 그때는 비좁아 보일 정도로 꽉 차 있던 방이 오늘은 텅 빈 동굴 같았다.
아버지는 아들이 누웠던 자리에 누워 창밖 하늘에 걸린 조각달을 바라봤다. 그러다 문득 베게 밑에서 부스럭대는 소리에 손을 넣었더니, 사진 몇 장이 손에 잡혀 나온다. 정일 씨가 신혼집에 챙겨가려고 넣어두었다가 잊은 모양이었다. 사진 속에는 지금의 정일 씨보다도 젊은 시절의 아버지가 갓 돌 지난 정일 씨를 안고 환하게 웃고 있었다.
정일 씨는 아버지 인생의 가장 큰 전환점이었다. 그 뒤로 아버지는 방 한 칸을 더 늘리기 위해 안동으로, 포항으로, 부산으로 일을

우리 집에는 꼰대가 산다 _ 145

따라 떠돌아다녔다.

　정희 씨가 태어나고, 남매가 커가면서는 잘 가르쳐야 한다는 게 아버지 인생의 목표가 됐다. 아이들은 대학도 보내고 아빠보다는 큰 사람으로 만들고 싶었다. 자식에게 더 나은 인생의 발판을 마련해주는 게 가장의 책임이라고 여겼다. 그러느라 아이들이 커가는 과정을 많이 놓치기도 했고, 독재자처럼 군림하기도 했다. 아이들이 그런 자신을 어려워하고 불편해하는 것도 알았지만, 그때의 아버지로서는 다른 방법이 없었다. 시간을 다시 그때로 되돌린다고 해도 아이들을 위해, 가정을 위해 앞만 보고 달리는 똑같은 삶을 살 수밖에 없을

것 같다. 그게 가장이니까.

 정일 씨 침대 위에서 아버지는 오래오래 사진을 들여다보았다. 이렇게 꼬물거리던 녀석이 어느덧 서른을 넘기고 장가를 다 들었구나 생각하니 마음이 뿌듯했다.

 다른 한편, 아들도 곧 가장이라는 무거운 책임을 짊어져야 할 거라고 생각하니 짠하기도 했다. 아버지가 해줄 말이라곤 그저 이 말밖에 없었다.

 "이놈아, 너도 자식새끼 낳고 한번 키워 봐라, 부모 마음이 어떤지."

꼰대 유전자

"무슨 소리여. 내가 하는 건 약과여.
할아버지가 백배는 심했어. 그러니까 내가 죽어났지.
나는 많이 덜한 거여. 고마운 줄 알어."

정일 씨가 추수를 돕기 위해 왔다. 아버지는 근방에서 가장 먼저 추수에 들어갔다. 추수 물량은 300가마니 정도 분량이다. 논 가장자리는 낫으로 벼를 베어야 했다. 콤바인이 들어갈 길을 내는 것이다. 왼손잡이인 정일 씨가 일하는 게 답답하다며 아버지는 혼자 낫을 들었다.

"할아버지가 계셨으면 이걸 다 손으로 베자고 그랬을겨. 그럼 죽어나는 거지. 지금 요거 쪼끔 베었는데도 어깨 아파 죽것는디."

요즘 세상이야 기계가 벼를 다 베고 낟알도 털어주니 아버지 보기에는 지금 농사가 일이랄 것도 없었다.

예전에 할아버지랑 일할 때는 일도 일이지만 할아버지의 꼰대질 때문에 더 힘들었다고 한다. 할아버지도 아버지 꽁무니를 쫓아다니며, 낫질이며 볏단 묶는 거며 어느 하나도 그냥 보아 넘기지 않고 혼쭐을 냈기 때문이다.

"아버지가 나한테 하는 것처럼 그러셨어?"

"무슨 소리여. 내가 하는 건 약과여. 할아버지가 백배는 심했어. 그러니까 내가 죽어났지. 나는 많이 덜한 거여. 고마운 줄 알어."

아버지도 2등 가라면 서러울 꼰대인데, 할아버지는 아버지에 비하면 백배나 무서웠다니, 꼰대도 유전인 모양이다. 아들이 미워하면서 닮아가는 사람이 아버지라 하지 않던가. 정일 씨는 결심했다. 나는

절대 내 자식에게 꼰대만은 되지 않겠노라고.

할아버지도 아버지가 농사꾼이 되는 건 바라지 않았다고 한다. 회사에 들어가 일하는 월급쟁이가 되기를 바랐는데, 결국은 농사꾼이 되었으니 하늘에서 욕을 할 거라고 아버지는 말한다. 그러고 보니 논에만 나오면 아버지는 할아버지 얘기를 하곤 했다. 그렇게 무서웠다면서 저렇게 할아버지 얘기를 많이 하는 걸 보면 아버지는 할아버지가 그리운 모양이다.

아니나 다를까 며칠 뒤, 정일 씨는 아버지를 따라 선산에 올랐다. 아버지가 운영하는 부동산 앞에서 고개만 조금 들면 바라다보이는 곳에 선산이 있다. 오늘은 할아버지께 장가든 손자가 술 한 잔 올리려는 것이다. 막걸리를 따르고 절을 올린 뒤, 부자가 산소 앞에 나란히 앉았다. 정일 씨는 할아버지에 대한 기억이 가물가물했다. 예닐곱 살 무렵에 돌아가셨기 때문이다.

"아버지는 가끔 할아버지 생각나요?"

"생각나지."

"어떤 생각이 나요?"

"내가 뒤지게 잘못해가지고 돌아가셨구나 하는 생각."

정일 씨는 그동안 몰랐던 무슨 사연이 있구나 싶었다. 사실 아버지는 할아버지 얘기를 잘하지 않았다. 특히 할아버지가 돌아가실 때 얘기는 한 적이 없었다. 정일 씨는 그래서 할아버지는 단순히 나이가 드셔서 돌아가신 걸로 생각해왔다. 막걸리 한 잔으로 타는 목을 축인 뒤, 아버지는 담담하게 말문을 열었다.

"내가 죄인이지. 내가 일은 안 하고 술이나 퍼먹고 다닌다고 할아버지가 막 뭐라고 하셨는데 내가 술 먹고 대들었거든. 그날 돌아가신겨. 그러니까 내가 죄인이지."

정일 씨는 처음 듣는 얘기였다. 평생 농사만 짓고 살아온 할아버지는 당신 이름 석 자도 못 쓰는 까막눈이었다. 그게 한이 되었던지 교육열이 남달랐다. 4남 6녀 모두를 가르치려 애썼고, 특히 아들 셋은 아산에서 중학교를 마치자마자 서울로 유학을 보냈다. 얼마 안 되는 땅을 떼어 팔아 겨우 방 한 칸은 마련했지만, 생활비와 학비는 늘 모자랐다. 삼 형제는 모두 주독야경을 했다. 낮에는 학교에 다니고, 밤에는 일을 해 생활비며 학비를 벌었다. 할아버지는 아들들이 대학을 졸업하고 돈 잘 버는 직장에 들어가는 것이 바람이었다. 대학 진학률이 20%도 채 안 되던 70년대는 대학 졸업장만으로도 대기업 취직이 보장되던 시절이었다. 그러나 둘째였던 아버지는 공부에 취미가 없었다. 결국, 대학을 포기한 아버지는 서점 직원으로, 공장 직원으로, 건설회사 직원으로, 농산물 장사로, 서울, 포항, 안동, 부산을 찍고 고향인 아산으로 귀향했다.

정일 씨는 아버지와 처음 같이 살았던 곳을 부산으로 기억한다. 정일 씨가 태어났을 때부터 일거리를 찾아 홀로 지방을 떠돌았던 아버지는, 그 어느 곳에서도 안정적인 직업을 찾지 못했다. 그러다 보니 오랜 시간 가족과 떨어져 지낼 수밖에 없었다. 아버지가 처음으로 안정된 삶을 꿈꾼 도시가 부산이었다. 그렇게 가족이 함께 살기 시작했다. 부산에서 아버지는 농산물 가게를 운영했다. 그러나 생각보다 장사는 잘 안됐고, 늘어가는 손해를 감당할 수가 없게 되자, 결국 장사를 접었다. 거듭되는 실패로 좌절감이 컸던 아버지는 그렇게 고향으로, 할아버지 곁으로 돌아왔다. 할아버지 옆에서 농사라도 도우면 일단 가족들 밥은 굶기지 않을 수 있었던 것이다.

밥은 굶지 않게 되었지만, 아버지의 마음마저 채울 수는 없었다. 그때부터 아버지는 대부분의 날을 술로 보냈다. 그런 아들이 할아버지 눈에 곱게 보일 리가 없었다. 정일 씨 기억에도 할아버지가 종종 아버지더러 '못난 놈'이라며, 혀를 끌끌 차던 모습이 남아 있다.

"나처럼 가난한 농부로 살지 말라고 서울 유학까지 보냈더니 결국 고향에 돌아와 농사나 짓냐? 이 못난 놈아!"

그날도 그랬던 모양이다. 여느 날처럼 할아버지는 아버지를 비난했고, 술을 마셨던 아버지는 그동안 쌓인 것까지 참지 못하고 대들었던 모양이다. 안하무인으로 달려드는 아들의 모습에 충격을 받았

던 걸까? 그 밤 혼자 집을 나갔던 할아버지는 그다음 날 아침, 이웃의 등에 업혀 돌아오셨다. 논두렁에 고꾸라져 계셨다는 할아버지는 이미 차갑게 식어 있었다. 그 얘기를 하면서 먼 산을 건너다보는 아버지의 눈가가 촉촉해지는 것을 정일 씨는 보았다. 아버지는 지금껏 그날을 후회하며 살아온 것이다. 큰아버지 대신 아버지가 할아버지 산소를 지키며 사는 이유도 그래서였다.

"되라는 판검사는 안 하고 대학을 세 번씩이나 옮기는 니눔 보면서 어찌나 속이 터지던지. 니눔 보면서 내 속으로 그랬다. 취직하라는 말 안 듣고 엉뚱한 짓거리만 하고 돌아댕기는 날 보면서 너거 할아버지가 속이 얼마나 터졌을까 말여. 그 속도 모리고, 할아버지한테 왜 그렇게 대들었나 하고……."

할아버지가 아버지에게 농사짓지 말고 번듯한 직장을 가지라고 한 건, 가장의 책임을 번듯하게 짊어지라는 의미였다. 그래서 1년 내내 지어도 먹고 살기조차 힘든 농사 말고, 매달 안정적인 수입을 보장해주는 직장을 그토록 강요했다.

정일 씨가 만화가가 되겠다고 했을 때, 아버지가 극구 말린 이유도 결국 같았다. 당신이 벌써 겪어봤던 불안정한 인생이었다. 가족이 얼마나 고생할지도 알았고, 끝내 할아버지께 돌이킬 수 없는 마음의 상처까지 만들었던 아버지의 경험에서 비롯된 꼰대질이었다. 결국 한 남자를 꼰대로 만든 유전자의 본질은 아버지라는 이름이 짊어져야 하는 책임감이었다.

꼰대에게도 꿈이 있었다

"어릴 때는 대통령도 되고 싶고,
의사도 되고 싶고 했지만 살다 보면 꿈이 자꾸 작아져.
먹고 살기 급급하니 '애들이나 잘 가르쳐야지'
이렇게 생각하게 되제. 그람 문득문득 서글퍼져.
꿈을 포기한다는 게."

정일 씨가 결혼하던 2015년, 지역 축협조합장 선거가 있었다. 사실 지역민들 사이에서 아버지의 선거 출마는 기정사실로 되어 있었다. 그러다 보니 동네 어른들은 만날 때면 선거 준비 잘하고 있냐는 인사말을 건넸고, 그럴 때마다 아버지도 '이번엔 나가야지.' 하며 호탕하게 웃으며 답하고는 했다.

정일 씨는 아버지가 선거에 출마하는 게 탐탁지 않았다. 매번 축협 조합장 선거 때면 부정선거니 비리니 해서 지역 신문 지면을 떠들썩하게 장식할 정도로 치열한 선거전이 벌어지기 때문이었다.

당선도 장담할 수 없거니와 굳이 큰돈까지 드는 그런 시끄러운 선거전에 뛰어들려는 아버지가 이해되지 않았다. '우리 아버지가 원래 권력에 욕심이 있으셨나?' 그러고 보면 정일 씨가 법대에 가서 판검사가 되기를 바란 것도 같은 맥락인가 싶었다.

하지만 아버지의 오랜 지인분들에게 아버지가 축협조합장 선거 출마를 한두 해 고민해온 게 아니라는 얘기를 듣게 되었다. 아버지가 조합의 정책이나 실질적인 운영이 조합원을 중심으로 돌아가는, 그야말로 조합원이 주인이 되는 조합을 만들려는 포부를 갖고 있었다는 얘기였다.

아버지는 조합 내에서도 대위원을 연임하고 있었고, 조합원들 사이에서 평도 좋아 출마 의지를 키워 왔던 거였다. 축협조합장 임기는 4년이었다. 아버지는 60대 중반을 넘기기 전에 조합의 수장으로 열심히 일하기에 딱 적기라 여겼던 것이다. 그때 축협조합장 선거를 처음이자 마지막 기회로 생각했던 아버지는 각오가 대단했다. 아버지에게 축협조합장은 권력을 대신하는 단순한 완장이 아닌 꿈이었던 것이다.

그런 꿈을 아버지는 이루지 못했다. 그해 3월에 있던 선거에 결국 출마하지 못했기 때문이다. 가을에 아들인 정일 씨 결혼을 앞두고, 선거 유세를 한다고 목돈을 끌어다 쓰는 것도 그렇고, 선거 출마를 하면 어떤 식으로든 사람들 입방아에 오르내리는 게 되는 것도 부담스러웠다. 혹여라도 아들 결혼에 누가 될까 봐 생애 마지막이라 여겼던 꿈을 포기한 거였다.

"어릴 때는 대통령도 되고 싶고, 의사도 되고 싶고 했지만 살다 보면 꿈이 자꾸 작아져. 먹고 살기 급급하니 '애들이나 잘 가르쳐야지' 이렇게 생각하게 되제. 그람 문득문득 서글퍼져. 꿈을 포기한다는 게."

정일 씨는 아들을 위해 꿈을 포기한 아버지께 죄송했다. 사실 정일 씨는 그동안 아버지에게 꿈이 있을 거라는 생각을 미처 해보지 못했다. 아니 아버지와 '꿈'이라는 단어 자체를 전혀 연결하지 않았다.

어려서부터 만화가가 되고 싶다던 정일 씨의 꿈을 묵살하고, '명문대', '판검사'만 강요했던 아버지였다. 아버지는 '꿈이 밥 먹여 주냐?'라고 말하던 꼰대였다. 좋은 대학을 나와 남들이 선망하는 직업을 갖는 게 꿈보다 더 소중하다고 여기는 분이었다. 아버지는 그래야만 안정적인 삶의 기반을 이룰 수 있다고 믿었다. 정일 씨는 오랫동안 다니던 직장을 은퇴한 아버지에게 남은 목표는 편안한 노후 설계 정도인 줄 알았다. 그런 아버지에게 아직 세상에서 실현하고 싶은 꿈이 있었다는 사실은 신선한 충격이었다.

문득 궁금해졌다. 아들 결혼을 위해 꿈을 포기한 아버지가 지금껏 살아오면서 자식들을, 혹은 가족을 위해 포기한 꿈은 얼마나 많을까 하는 것이다.

사춘기 무렵부터 아버지는 정일 씨 인생에 딴죽을 걸어오는 꼰대라고만 여겼는데, 어쩌면 정작 아버지 인생에 딴죽 걸고 있던 건 자신이었는지도 모르겠다는 생각을 했다.

정일 씨가 아버지와 함께 모교인 영인중학교를 찾았다. 오가며 늘 지나쳐 가도 돌아볼 생각을 하지 않았는데, 졸업한 지 수십 년 만에 부자가 나란히 교정에 들어서니 감회가 남달랐다. 정일 씨의 모교는 아버지의 모교이기도 했다. 아버지가 등굣길에 한 줌씩 주머니에

넣어온 흙을 뿌리고 잡초를 뽑아내던 운동장에서, 28년 후 정일 씨가 친구들과 공을 찼다. 아담한 규모의 학교는 겉으로는 그 시절과 크게 달라진 게 없었다. 학교를 찾은 이유는 아버지의 어린 시절을 들여다보고 싶었기 때문이다. 아버지와 함께 교무실에 찾아간 정일 씨는 생활기록부 열람을 신청했다. 15회 졸업생 이운재와 43회 졸업생 이정일의 생활기록부가 두 사람 앞에 놓였다. 학교 안 보관실에 잠들어 있던 두 개의 시간이 마주 보며 기지개를 켰다. 정일 씨는 아버지 생활기록부를 펼쳤다.

"어우, 아버지 이런 모습 처음 보는데? 어릴 때는 살쪘네유."

"그때 사람들이 돼지라고 불렀어."

흑백의 증명사진 속 열네 살 아버지는 통통한 얼굴에 개구진 인상이었다. 그다지 착하지 않았던 성적부터 당시의 성격, 출결석 내역까지, 정일 씨는 아버지의 생활기록부를 하나하나 짚어나갔다. 잊고 지내던 과거가 아들 앞에서 하나씩 불거질 때마다 아버지 얼굴이 붉어졌다. 화가 나서 붉어지는 아버지 얼굴은 많이 봤지만, 쑥스러워서 붉어지는 아버지 얼굴은 또 처음이었다.

"1학년 때 출석 사고도 한 번 있었네유. 무슨 사고였어유? 어디 아팠어유?"

"몰러. 생각 안 나."

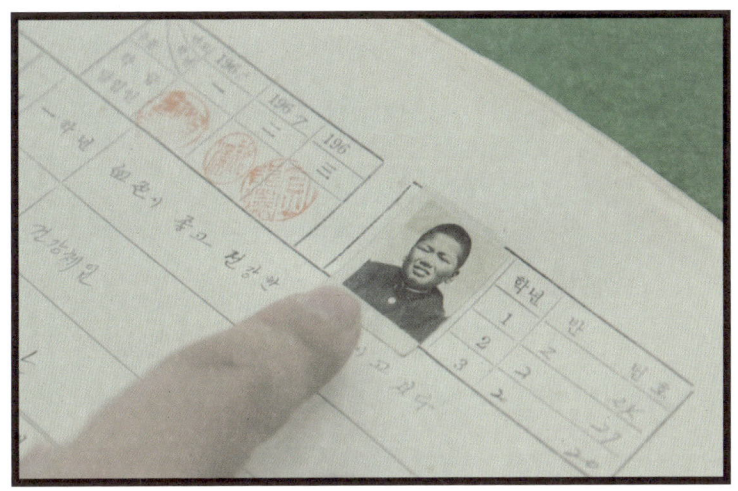

생각이 안 나는 게 아니라 아들 앞에서 사춘기 시절의 일탈을 밝히자니 민망한 것이다.

아버지는 어느 날 친구들과 작당을 해 등굣길을 벗어나 무작정 도시로 가는 버스에 올랐다. 하기 싫은 공부로 허송세월하느니 일찌감치 돈을 버는 게 낫다고 생각했던 것이다. 어린 마음에 이 좁은 동네 밖에는 공부 안 해도 먹고 살 수 있는 신천지가 있을 거라고 믿었던 모양이다. 어쨌든 그렇게 뛰쳐나간 세상은 호락호락하지 않았다. 사나흘쯤 배를 쫄쫄 곯아가며 고생하다 며칠 만에 제 발로 집에 돌아왔다.

열네 살 아버지의 찌질했던 가출담을 들으며 정일 씨는 그 시절의 아버지를 머릿속에 그려봤다. 아버지도 질풍노도의 시기를 겪었구나 하는 생각이 드니 처음으로 동질감이 느껴졌다. 아버지도 처음부터 꼰대는 아니었다는 발견, 그리고 꼰대를 향한 아버지의 첫 번째 반항이었다.

아버지의 과거는 그야말로 반전 스토리였다. 그러나 진정한 반전은 바로 중학생 아버지의 장래희망이었다.

"아버지 취미 또는 특기가 가축사육? 장래 희망이 농업이랑 축산업이었어?"

정일 씨에게는 늘 명문대를 가라, 판검사가 되라 했던 아버지였기

에 당신의 장래희망은 대통령, 정치인, 대기업 회장 뭐 이럴 거라고 생각했다. 아버지의 장래희망이 농업이랑 축산업이었다니, 놀라지 않을 수가 없었다. 그럼 아버지는 어린 시절의 꿈을 이룬 게 아닌가 말이다.

아버지는 당시의 장래희망이 실업과목 선생님 때문에 마지못해 적은 거라고 얼버무렸지만, 정일 씨 생각엔 그렇지만은 않은 것 같았다. 아버지는 누구보다 땅을 소중하게 가꾸고, 소 키우기에 열심이다.

아버지가 고향에 돌아와 농사짓는 걸 못마땅해하던 할아버지가 돌아가신뒤 아버지는 천안에 있는 자동차 부품 공장에 취직했고 그렇게 직장생활을 했다. 그러다 10년 전, 퇴직하면서 농사짓고 소를 키우기 시작했다. 할아버지와의 갈등 속에 인생을 돌고 돌아왔지만, 아버지는 결국 중학생 시절의 꿈을 이룬 것이다.

정일 씨는 할아버지와 아버지의 관계가, 마치 정일 씨 자신과 아버지의 관계 같다는 느낌이 들었다. 정일 씨도 아버지의 반대에 부딪혀 대학을 세 번이나 다녔고, 20대 후반에 들어서야 그림을 배우고 웹툰 작가의 길로 들어섰기 때문이다.

나름 먼 길을 돌았지만, 결국 어린 시절의 꿈을 이룬 정일 씨와 아버지. 결국 사람은 자기 마음속에 있는 꿈을 좇으며 사는 모양이다. 꿈을 이룬 후의 정일 씨가 그랬듯, 아버지도 농사짓고 소를 키우면

서부터 더 편안하고 행복해 보였다. 정일 씨는 그동안 꼰대라고만 생각해서 편하게 말을 걸어본 적 없던 아버지가 전에 없이 친근하게 느껴졌다. 아버지와 함께 교정을 나서면서 정일 씨는 물었다.

"아버지, 지금 바라는 꿈이 있어?"

"꿈? 이제 꿈이랄 게 뭐 있어, 그냥 사는 거지."

"그래도 바라는 게 있을 거 아녀."

"나? 앞으로 내 꿈은 너희랑 같이 사는 거."

지금 당장 시원하게 꿈을 이뤄드린다 말할 수는 없지만, 언젠가 아버지의 남은 꿈도 이뤄지지 않을까.

아버지의 일은
아직 끝나지 않았다

"이제 농사도 끝이고, 자식 농사도 끝이지 뭐.
남은 인생은 정일이가 애 낳으면
손주나 키워주면서 보내야지."

추수를 끝낸 저녁, 아산에서 유치원 선생으로 일하는 정일 씨의 아내, 영은 씨가 시댁으로 퇴근했다. 결혼 앨범이 완성돼 부모님과 함께 보려고 들고 왔다.

"정일이 너, 무지 뚱뚱하게 나왔구먼."

"오빠 얼굴 많이 줄인 거예요, 아버님. 포토샵 수정을 얼마나 했는데요."

아버지는 사진에다가 성형을 한다니 참 별놈의 세상이다 싶었다. 컴퓨터로 턱도 깎고 살도 뺐다는 아들 내외의 모습은 부모님이 보기엔 완전 딴 사람이다. 신혼여행도 4박 6일 동안 발리인지, 발레인지로 다녀왔다고 한다. 30년 전엔 웨딩 앨범은커녕 예식장에서 사진 몇 장 찍고 신혼여행은 제주도로 가면 호사였다. 하기야 그때와 지금을 비교하는 게 말이 안 되는 얘기이기는 하다.

"아버지는 엄마랑 서울예식장에서 결혼했네? 신혼여행은 어디로 갔어?"

"제주도."

피마자기름을 발라 머리칼을 넘기고 하얀 양복을 빼입은 아버지는 훤칠했고, 북슬북슬한 미스코리아 파마머리에 순백의 풍성한 웨

딩드레스를 입은 어머니는 얌전했다.

지금의 정일 씨보다 예닐곱은 족히 어린 20대 중반의 부모님 결혼 사진을 정일 씨는 왜 여태 한 번도 못 봤는지 의아했다. 그동안 이사 다니면서 잊어버린 줄로만 알았던 앨범들을 두 분이 운영하는 부동산의 오래된 캐비닛 안에서 발견한 게 불과 며칠 전이었다. 신혼여행 길에 김포공항 앞에서 환하게 웃으며 찍은 사진 속 두 분의 얼굴이 얼마나 풋풋한지, 갓 결혼한 정일 씨는 두 분의 그 설레는 감정이 고스란히 느껴졌다.

두 분은 어떻게 만나 결혼까지 하게 되었던 걸까.

아버지 나이 스물일곱, 어머니 나이 스물다섯 때였다. 당시 아버지는 서울에 있는 한 서점에서, 어머니는 인테리어 회사 경리로 일했다. 두 사람은 몰랐지만, 그때 서울 강북구 수유동 같은 동네에서 살고 있었다. 두 사람 사이를 연결한 건 정일 씨의 친할아버지와 외할아버지였다. 서로 자식을 보러 상경했다 동네 복덕방에서 만난 두 어른은 장기를 두다 친해졌다. 그리고 서로 연배가 맞는 아들, 딸이 있다는 걸 알고는 그 자리에서 자식들을 연결시키자고 약속했던 것이다.

때 이른 함박눈이 소복이 내리던 1980년 11월의 어느 추운 날, 서울 강북구 수유동에 있는 화계사에서 아산 출신의 호방한 청년

이운재는 문경 출신의 얌전한 처녀 차해숙을 처음 만났다. 그녀의 곱상한 이목구비와 야무져 보이는 얼굴이 그의 가슴속으로 쏙 들어와, 처음 본 그 날 아버지는 어머니에게 청혼했다.

"어떻게 청혼 했어유?"

"아빠가 엄마한테 전화번호를 주면서 그랬지. 시집오고 싶으면 전화 하슈. 그러고 돌아서서 성큼성큼 갔지. 그랬더니 일주일인가 지나서 전화가 오대. 시집온다고."

"진짜? 엄마는 아버지 어디가 마음에 들어서 전화했어?"

"잘 생겼잖아. 키 크고."

지금의 아버지라면 그냥 어머니 눈의 안경이려니 하겠지만, 앨범을 한 장 한 장 넘길 때마다 마치 타임머신을 타고 과거로 돌아가는 것처럼, 젊은 시절의 부모님은 지금과 확연히 다른 매력을 뽐내고 있었다. 80년대에 유행이었다는 이른바 '청청패션'으로 한 벌 쫙 빼입은 아버지는 누가 봐도 훤칠하고 남자다운 호남형이었다. 어머니도 지금의 모습에서는 상상이 안 되는 미모를 자랑했다. 개나리색 비키니 차림으로 해변에 앉아 있는 늘씬한 어머니는 하이틴 잡지에 나오는 모델이 따로 없었다.

사진 속 두 분은 어디 가고 어쩌다 희끗희끗한 머리칼과 주름진 얼굴, 손마디가 두꺼워진 아버지와 어머니만 지금 정일 씨 눈앞에 앉

아 계시는 건지…….

 정일 씨는 부모님도 젊은 시절이 있었다는 생각을 하지 못했다. 저 아름다운 청춘을 다 잊고 지금까지 아버지, 어머니로만 살아왔을 두 사람이었다.

　만난 지 석 달 만에 화촉을 밝혔다는 아버지와 어머니는 그로부터 1년쯤 뒤에 정일 씨를 얻었다. 작은 서점에 달린 단칸방에 살던 때라 아버지는 출산이 임박한 어머니를 문경 산골에 있는 처가에 내려 보냈다. 그렇게 멀리서 애타게 출산 소식을 기다리던 아버지는 아들이 태어났다는 기별에 새벽같이 문경으로 향했다. 교통편이 좋지 않던 시절이라 덜컹거리는 버스를 여러 번 갈아타고 처가에 닿는데 꼬박 하루가 걸렸다.

　대문 앞에 처진 금줄을 한참 동안 바라봤다는 아버지는 그 먼 길을 달려가 처음으로 정일 씨를 품에 안으면서 가장 먼저 이런 생각을 했다. '내가 아버지가 됐구나, 가장이 됐구나.' 어머니도 마찬가지였다. 그때부터 두 사람은 이운재, 차해숙이라는 이름을 내려놓고 '부모'라는 이름으로 살아왔다.

　갓 돌이 지난 정일 씨를 안은 사진 속 아버지 모습은 무척 환했다. 그때는 혼자 돌아다니며 일을 할 때라 한 달에 한 번 정도 만날 때였는데, 오랜만에 만나도 아빠를 보면 반가워하던 어린 아들이 얼마나 기특했는지 모른다. 고단하고 외로웠을 아버지에게 가족은 유일한 위안이자, 피로회복제였을 것이다. 그 얼굴 어디에도 지금의 꼰대는 없었다.

　정일 씨 가족이 함께 살게 되면서 자동차 부품공장에서 일하던 아버지는 새벽같이 출근했다가 저녁 늦게 퇴근했다. 그러다 보니 함께 살아도 얼굴을 가끔 볼 수밖에 없었는데, 그 짧은 시간도 아버지는 자상하지 않고 너무 엄했다. 어쩌다 아버지가 일찍 집에 와 있어도 정일 씨는 아버지와 대화를 한 기억이 별로 없었다. 오히려 아버지와 단 둘이 있으면 어색하고 불편했다. 그런 과거를 떠올리자, 정일 씨는 분가를 반대했던 아버지의 마음을 조금은 이해할 수 있을 것 같았다. 어쩌면 아버지는 돈 버는 일에만 매달려 정일 씨와 함께 보내지

못했던 지난 시간의 아쉬움을 이제라도 채우고 싶었던 게 아닐까 싶었다.

며칠 뒤, 아버지 축사에 커다란 트럭 한 대가 들어왔다. 아버지는 가장 실한 소 두 마리를 몰아 트럭에 실었다. 정일 씨 결혼을 앞두고 아버지는 지금까지 소 열 마리를 팔았다. 그 돈은 고스란히 정일 씨가 분가하면서 산 아파트에 들어갔다.

"이제 농사도 끝이고, 자식 농사도 끝이지 뭐. 남은 인생은 정일이가 애 낳으면 손주나 키워주면서 보내야지."

아버지는 아들의 안식처가 되고 싶다는 마지막 꿈이 있다. 아들의

부부 금실도 코치해주고 싶고, 손자들을 키우면서 속이 썩을 때, 살다가 인생이 묻어놓은 예기치 못한 덫에 발이 걸렸을 때, 아들이 언제든 찾아와 도움을 청하고 또 쉴 수 있는 안식처가 되어주고 싶다. 결국, 남은 인생도 자식을 위해서 살고 싶은 게 아버지의 꿈이다. 자식을 낳고 키우고 가르치고 결혼까지 시켰지만, 아버지의 일은 아직 끝나지 않았다.

너무 무심한 꼰대

늦은 밤, 뚜벅뚜벅 빌라 계단을 올라오는 발소리가 들리자 정가연 작가의 귀가 쫑긋 선다. 거실에서 엄마와 수다 삼매경에 빠져 있었는데, 언제 그 소리를 들었는지 모른다. 하던 말을 멈추더니 벌떡 일어나 방으로 들어가 버렸다.

만화상에서 사용되는 '꼰대'의 뜻은 사전적인 의미로만 사용되었으며, 비하 혹은 비난할 목적은 전혀 없음을 알려드립니다.

꼰대 [명사]
1. 은어로, '늙은이'를 이르는 말
2. 학생들의 은어로, '선생님'을 이르는 말
〔출처: 네이버 사전〕

아빠와 나

아빠는 무심하신 편이십니다.

긁적   긁적

졸업식 날에도 엄마와 저 뿐이었고

생일 날에도 아빠는 없으셨죠.

동생 쌔니

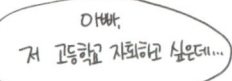

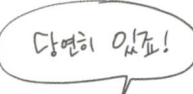

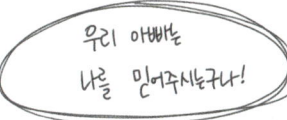

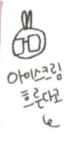

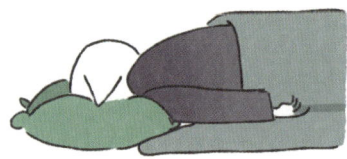

충격이었죠.

아주 오랫동안 고민하고 주저하며

어렵게 꺼낸 말이었어요.

다가가기 어려운 아빠의 무심함은
어쩌면 꼰대의 새로운 유형 일지도
모르겠다는 생각이 들었습니다.

그리고 나도
그렇게 변해가는 중일지도.

어쩌다가 이렇게 된거지?

조선 시대 꼰대 스타일

"자퇴한 지 한 달 정도 되었을 때
아버지가 왜 학교에 안 가느냐고 묻더라고요.
'나 자퇴했잖아.' 그랬더니, '아, 했어?' 그게 다였어요."

늦은 밤, 뚜벅뚜벅 빌라 계단을 올라오는 발소리가 들리자 정가연 작가의 귀가 쫑긋 선다. 분명 거실에서 엄마와 수다 삼매경에 빠져 있었는데, 언제 그 소리를 들었는지 모른다. 하던 말을 멈추고는 벌떡 일어나 방으로 들어가 버렸다. 방으로 들어온 것도 모자라 그대로 방문을 잠가버렸다. 그러고는 바깥의 소리에 귀를 기울였다.

역시나 발소리는 현관 앞에서 멈춰 섰다. 연이어 비밀번호를 누르는 소리가 들리고는 현관문의 도어락이 잠금 해제되는 소리가 났다. 그 소리와 반대로 가연 씨의 마음은 잠겨 버렸다.

현관을 들어온 발소리가 잠시 가연 씨의 방 앞에서 멈추는가 싶더니, 방문 손잡이가 달그락하고 몇 번 비틀렸다. 누구도 깨어 있지 않다고 그만 가라고 말하듯 굳게 잠긴 방문은 열릴 생각이 없었다. 잠시 후 열리지 않는 문 너머에서 발소리는 다시 멀어졌다.

가연 씨가 굳이 피한 사람은 다름 아닌 꼰대, 그녀의 아버지였다.

아버지를 왜 그렇게 피하는 걸까? 가연 씨는 그 이유를 그냥 툭 던지듯 말한다.

"아빠가 술만 취하면 제 방에 오셔서 했던 말 하고 또 하고 그래서 대화하기가 싫어요."

가연 씨는 아버지를 특별하게 표현할 말이 없다. 열여덟 살, 정가연 작가에게 아버지는 그저 불편한 사람일 뿐이다. 가연 씨의 눈에 비친 아버지는 '전형적인 조선시대 꼰대 스타일'이다. 가부장적이고 항상 당신 생각만이 옳고, 집안일은 물론이고 셋이나 되는 자식들 일에도 관심이 없다.

아버지의 관심은 오직 술, 돈 그리고 골프, 이 세 가지일 뿐이라는 생각이 든다. 아버지가 술을 마시지 않고 맨정신으로 집에 들어온 날이 손에 꼽을 정도이다. 그 말은 대부분의 날을 가연 씨가 아버지를 피한다는 뜻이기도 하다.

가연 씨는 속으로 기가 막히다. 하루라도 술을 마시지 않으면 입에 가시라도 돋는 걸까? 아버지의 속을 가연 씨가 알 수는 없었지만,

　술은 아버지의 가장 큰 낙이자 삶의 행복이라는 생각이 들었다. 하긴 아버지가 술을 안 마셨다고 해서 대화가 가능한 것도 아니었다.
　아버지는 술을 마시지 않고 들어온 날에는 입을 꾹 닫고 혼자만의 시간을 보낸다. 집에는 아버지만의 방이 따로 있었고, 집에 들어오자마자 곧장 그 방으로 들어간다. 아버지는 방에서 주로 골프채널을 틀어놓고, TV 앞에 누워 있거나 혼자 술을 마신다.
　주말이라고 해서 가족과 함께 특별한 시간을 보내지도 않는다. 가족끼리 외식도 하고 여행도 하는 주말은 그야말로 남의 집 얘기다.
　가연 씨가 생각하기에 주말은 완전한 '아버지 데이(day)'다. 아버지의 주말은 대부분 골프 약속으로 꽉 차 있다. 가족들과 함께 보낼 시간은 없어도, 골프 칠 시간은 항상 넉넉했다. 어쩌다 골프 약속이 없는 주말에는 조용히 골프채 하나를 챙겨 들고 옥상에 올라가 스윙 연습을 즐긴다.

이렇게 늘 당신 인생만을 즐기는 아버지는 어쩌면 그래서 더 돈, 돈, 돈 하는지도 모른다. 인생을 즐기려면 돈이 있어야 하기 때문이다.

그놈의 돈 때문에 가연 씨는 아버지에게 서운한 적이 많았다. 어려서부터 돈 얘기만 나오면 한숨부터 쉬는 아버지가 어려워서, 보고 싶은 책이 있어도 돈 달라고 손 내밀기가 쉽지 않았다. 친구들은 책 산다는 핑계가 부모님께 돈을 타내는 가장 쉬운 방법이라고들 하는데, 가연 씨에게는 통하지 않는 얘기였다. '책값 댄다고 등골이 휜다'는 아버지의 푸념이 섭섭했다. 술 마시고, 골프 치는 돈은 아깝지 않고, 딸에게 책 한 권 사주는 건 아까운 아버지라고 생각했다.

중학교 때 그림을 배우고 싶었지만, 책값도 아까워하는 아버지에게 미술학원에 보내 달라는 말을 꺼낼 수가 없었다. 말도 꺼내보지 못하고 포기한 꿈은 그대로 가슴속에 응어리로 가라앉아 있다.

아버지가 술이 피로회복제이고, 골프가 취미이고, 돈이 인생에서 가장 중요한 가치라고 생각한다면 그건 어쩔 수 없다.

책 읽는 게 취미이고, 글 쓰는 게 탈출구인 가연 씨에게 그걸 하지

말라고 하면, 역시 참기 힘들 테니 한껏 양보해 이해할 수 있다. 정말 이해할 수 없는 건, 아버지로서의 무관심이다.

"자퇴한 지 한 달 정도 되었을 때 아버지가 왜 학교에 안 가느냐고 묻더라고요. '나 자퇴했잖아.' 그랬더니, '아, 했어?' 그게 다였어요."

가연 씨는 사실 초등학생 때부터 자퇴를 꿈꿀 정도로 학교에 마음을 붙이지 못했다. 초등학교 1학년 때 있었던 사건이 발단이었다. 수업에 조금 늦었다는 이유로 청소도구함에 갇힌 적이 있었다.

그때부터 가연 씨는 학교라는 시스템이 너무 힘들었다. 정해진 시간에 등하교를 하는 것부터 시작해 왜 필요한지도 모르는 과목을 공부하는 것까지 모든 게 불합리하다고 생각했다.

등교 거부증은 중학교에 가서 더 심해졌다. 아침마다 이유 없는 두통에 시달렸고, 결석하는 날이 많아졌다. 중학교 3년을 겨우 최소 출석 일수만 채웠다. 두통도 두통이었지만, 무엇보다 왜 학교생활을 계속해야 하는지 스스로 명분을 찾을 수가 없었다. 이유도 목적도 없이 시계추처럼 기계적으로 학교에 다니는 자신이 바보같이 느껴졌다.

가연 씨는 자퇴하고 싶은 의지를 부모님께 꾸준히 말씀드리고 설득해갔다. 그런 가연 씨에게 중학교만 마치고 생각해보자고 달래던 어머니도, 중학교 생활마저 힘들게 이어가는 딸을 보면서 억지로 학교를 보내는 것만이 해결책이 아니라고 생각했다. 어머니는 딸이 학교에 다니면서 아픈 것보다는 집에서 행복하게 지내는 게 낫다고 믿었다.

자퇴를 앞두고 넘어야 할 가장 큰 산은 아무래도 아버지였다. 삼남매에게 '대학은 꼭 가야 한다.'고 입버릇처럼 말하던 아버지였다.

더구나 여덟 살 위의 오빠가 고등학교 때 음악에 빠져 대학을 포기하고 밴드 활동을 시작하자, 아들이라 기대가 컸던 만큼 실망한 아버지는 오빠와 심한 갈등을 겪었다. 오빠에게 좌절되었던 아버지의 기대는 자연히 둘째인 가연 씨에게로 넘어와 있었다. 그런 아버지에게 대학교도 아닌 고등학교 자퇴 얘기를 꺼내기란 쉽지 않았다. 그 짐을 엄마가 나눠서 짊어져 주었다.

"가연이가 학교 그만 다니고 싶대."

어머니의 말에 아버지는 한동안 말이 없었다. 그러더니 생각지도 않은 덤덤한 말투로 쿨하게 말했다.

"지가 싫으면 할 수 없지 뭐, 그러라 그래."

그 뒤로 특별한 말이 없던 아버지를 가연 씨는 허락으로 받아들였다. 하지만 막상 아버지는 자퇴한 지 한 달 뒤에 가연 씨를 보고 물었다.

"왜 학교 안 갔어?"

가연 씨는 그렇게 묻는 아버지에 어이가 없었다.

"나, 학교 그만둔다고 말했잖아."

"그랬어?"

그게 다였다. 그러고나서 아버지는 그대로 회사에 출근했다. 가연 씨는 그런 아버지를 이해할 수가 없었다. 물론 반대한다고 해서 말을 들을 가연 씨도 아니었지만, 자퇴했다는 딸에게 할 말이 그게 다라니 기가 찼다. 그 이후 다시는 아버지의 마음을 물어보지 않았다.

지금도 그렇지만 어릴 때도 그렇게 가까운 부녀 사이는 아니었다.

입학식, 졸업식 같은 중요한 날에도 아버지는 옆에 없었고, 그런 아버지에게 가연 씨는 늘 서운했다.

학교를 자퇴한 후, 부녀 사이의 대화가 더욱 줄었다. 대학 대신 음악을 선택한 오빠에게 그랬던 것처럼, 자신에게도 아버지는 크게 실망했을 거라 짐작은 한다.

가연 씨는 정확하게 아버지의 생각이 무엇인지는 모르지만 자신의 진로에 간섭할 때보다 무관심한 지금이 차라리 편하다. 지금 자신은 그만큼이나 아버지에게서 멀어져 있었다.

꼰대로부터의 독립

아버지는 그런 사람이었다.
자식들에게 당신이 그려 놓은 인생의 청사진대로 살도록 강요했다.
그 노선에 의하면 대학은 선택이 아니라 필수였다.

가연 씨는 연습실 앞에 서서 숨을 한 번 가다듬었다. 안에서는 벌써 음악 소리가 새어 나오고 있었다. 조심스레 문을 열자, 연습실 안에서는 4인조 모던락 인디밴드 '세르' 멤버들의 공연연습이 한창이었다. 가연 씨가 들어서자 멤버들 모두 반갑게 맞아주었다.

"지난번에 찍어주신 사진 정말 잘 썼어요. 이번에도 잘 부탁드려요."

가연 씨는 오늘은 웹툰 작가가 아니라 아마추어 사진작가로 이곳에 왔다. 세르 멤버 중 기타리스트가 오빠인 태식 씨다.

세르 밴드에게 특별한 행사가 있으면 홍보를 위한 사진 촬영을 가연 씨가 해주고 있다. 방안에만 틀어박혀 있는 딸이 보기 딱했던 어머니가 권유한 일이다. 오빠도 돕고, 바깥바람도 쐬고, 사진 공부도 할 생각이었던 터라 겸사겸사 시작한 일이지만, 오빠와 밴드 멤버들을 만나는 게 가연 씨에게 좋은 자극이 되었다. 꿈을 좇는 사람들의 열정을 눈앞에서 볼 수 있기 때문이다.

평소에는 깐족거리며 동생을 못살게 굴던 오빠가 연습실이나 무대 위에서는 딴사람이 되었다. 비록 가족 모두의 축하를 받으며 잡은 기타는 아니었지만, 그래도 기타 줄을 튕기는 모습이 멋있었다.

태식 씨가 기타리스트의 꿈을 품은 건 중학교 3학년 때였다. 그해 겨울방학 때 친구들과 교회를 갔는데, 거기서 기타 치는 형을 알게 되었던 것이다. 태식 씨의 눈에 그 형은 너무 멋진 사람이었다. 그때부터 기타리스트를 꿈꾸게 되었다.

물론 아버지는 그런 태식 씨의 꿈을 반대했다. 대학생이 아니라 딴따라가 되겠다는 아들을 아버지는 용납할 수 없었다. 게다가 태식 씨는 장남이었다. 아들이 반듯하게 길을 닦아놔야 동생들이 그 본을 보고 따른다는 게 아버지 생각이었다.

태식 씨는 아버지의 그런 고리타분한 생각에 자신의 인생을 맞춰 살아갈 생각이 없었다. '내 인생은 나의 것'이지, 아버지의 소유물이 아니었다. 아버지에게 인정받는 길은 실력을 보여드리는 것밖에 없다고 생각했고, 고등학교 때는 거의 매일 음악 학원에서 살다시피 했다. 열심히 하는 모습을 보여드리면 아버지도 언젠간 허락하실 거라고 믿었다. 하지만 태식 씨의 기대는 보기 좋게 빗나갔다.

보수적인 아버지는 밤늦게까지 열심히 연습하다 집에 온 아들 얘기를 믿지 않았다. 어디 싸돌아다니며 놀다 들어오는 거라 생각했다. 한 번은 연습실에서 밤새 연습하고 왔다가 쌀 포대로 맞기까지 했다. 태식 씨는 맞으면서도 자신이 왜 맞는지, 뭘 잘못했는지 알 수가 없었다.

아버지는 그런 사람이었다. 자식들에게 당신이 그려 놓은 인생의 청사진대로 살도록 강요했다. 그에 따르자면 대학은 선택이 아니라 필수였다. 대학 졸업 후 20대에는 전문성을 갖춘 탄탄한 직장에 취직하고, 30대에는 가정을 꾸려 안정을 이루어서 40대부터는 조금씩 부를 쌓아가야 한다는 게 아버지가 정해둔 인생의 룰이었다. 음악, 소위 딴따라는 아버지가 생각하는 좋은 직업, 안정적인 직업이 아니었다.

학업을 강요하는 아버지와 음악을 하겠다는 의지를 꺾지 않았던 태식 씨는 마주치기만 하면 전쟁이었다. 태식 씨가 고등학교를 졸업하고도 음악을 포기하지 않자, 아버지는 마음을 닫아버렸다.

예전처럼 큰 소리는 나지 않았지만, 두 사람은 여전히 전쟁 중이었다. 아버지의 침묵이 허락이 아니라 체념이라는 걸 태식 씨는 누구보다 잘 알았다. 아버지에게 제대로 인정을 받기 위해서는 단지 열심히 하는 것만이 아니라, 음악인으로 당당하게 홀로서기를 하는 수밖에 없다고 태식 씨는 생각했다.

　태식 씨는 그렇게 두 달 전 독립했다. 스스로 자신의 인생과 꿈을 책임지는 모습을 아버지께 보여드리고 싶었다.

　밴드 세르는 홍대나 잠실의 라이브 클럽 무대에 선다. 아직은 밴드 활동만으로는 생계를 꾸려나가기 어려워 낮에는 은행에서 청원경찰로 일하고 있지만, 태식 씨는 지금의 생활이 어느 때보다 만족스럽다.

한 가지 아쉬움이라면 음악 때문에 등을 돌린 아버지와의 관계였다. 아버지는 여전히 태식 씨의 음악활동을 반대한다. 여태 한 번도 아들 공연을 보러 온 적이 없다. 공연은 고사하고 태식 씨가 밴드에서 맡은 악기가 어떤 건지도 모른다. 아무리 사이가 나쁘더라도 이런 무관심은 섭섭한 게 사실이다. 묵은 갈등이 있다지만 부자지간인데, 어떻게 아버지가 아들에게 이렇게까지 관심을 끊어버릴 수 있는지 태식 씨는 서운했다.

태식 씨가 오랜만에 집에 들렀다. 엄마와 태식 씨, 가연 씨, 막내 영서이까지 모두 거실에 둘러 앉아 모처럼 집안에 웃음꽃을 피우는데, 아버지는 여전히 혼자 방에서 골프 채널만 보고 계셨다. 잠시 후 조용히 현관을 빠져나가는 아버지에게 가족 중 누구도 어디 가는지 묻지 않았다. 옥상에 골프채를 휘두르러 나가는 게 뻔해서였다. 아니나 다를까 아버지는 한 시간 동안 옥상에서 스윙 연습을 하다 내려왔다.

온 가족이 한 상에 둘러앉아 밥을 먹는 것이 거의 두 달 만이었다. 그러나 아버지와 아들은 서로에게 눈길은커녕 그 흔한 안부 한 마디 묻지를 않았다. 아버지와 대화가 없기는 가연 씨도 마찬가지였다. 아버지는 한 상에 마주 앉아 있어도 외딴 섬처럼 멀었다. 식사를 먼저 끝낸 아버지가 골프 약속이 있다며 집을 나갔다.

아버지는 원래도 술을 마시지 않으면 말을 잘 하지 않았다. 어릴 때부터 그런 모습에 익숙하다 보니 이제는 얘기하는 게 더 불편하다. 언제쯤이면 태식 씨는 아버지와 편안하게 대화라는 걸 나누게 될지 가슴이 답답했다. 과연 그 날이 오기나 할지 궁금하다. 지금, 여덟 살 터울의 가연 씨도 오빠 태식 씨와 같은 생각을 한다.

독립을 꿈꾸며

"엄마, 돈 버는 건 더럽게 힘든데, 쓰는 건 한순간이야."
"돈 버는 게 얼마나 힘든지 알겠어? 너도 이제 아빠 이해하지?"
"다는 아니고 쪼끔."

웹툰 작가로 등단하고 열여덟이라는 어린 나이에 돈을 벌기 시작한 가연 씨는 그동안 한이라도 맺혔던지 씀씀이가 커졌다. 가장 많이 지출하는 품목은 단연 책이었다. 더는 아빠 눈치를 보지 않아도 되고, 읽고 싶은 만큼 책을 주문해서 책장에 쌓아놓고 읽을 수 있다는 사실이 너무 좋았다. 그렇게 지출하는 책값만 한 달에 30~40만 원을 훌쩍 넘겼다.

그러다 보니 수입 관리를 해주는 어머니 잔소리를 피하기가 어려웠다. 가계부 회계 감사라도 받는 날이면 슬금슬금 눈치를 볼 수밖에 없다.

"엄마, 앞으로 책값은 20만 원, 용돈은 10만 원으로 할게."

"말은 그래놓고, 너 항상 초과 지출했잖아. 초과하기만 해? 너 저번에도 용돈 10만 원이라고 정해 놓고 나한테 말도 안 하고 산 거 엄청 많잖아."

나이에 비해 수입이 많다 보니 아직은 어린 가연 씨 스스로 관리하는 것은 부담스러웠다. 게다가 아직 혼자서는 본인 명의로 통장이며 카드를 만들 수가 없었다. 고등학교를 자퇴하면서 학생 신분도 성인도 아닌 말 그대로 무적자가 되어버렸기 때문이다. 그러다 보니 경제 활동을 하고 있어도 제 명의로 된 통장을 만들 수 없었다. 통장

을 만들려면 밟아야 하는 절차가 복잡했다. 그리고 아직은 돈을 맡겨 놓고 용돈으로 타서 쓰는 것이 마음이 편했다.

용돈을 타 쓴다고는 하지만 매달 정해진 예산을 초과해 지출하기가 일쑤였다. 처음에는 초과 지출은 그전에 어머니에게 허락을 받더니, 언제부턴가 '선 지출, 후 보고'하는 식이 되었다. 어머니는 아직 나이가 어리니, 벌써부터 쓰는 재미만 들려서는 안 되겠다 싶어 가계부 감사를 통해 제동을 걸기로 했다.

어머니는 책값은 20만 원으로 고정하고, 용돈을 10만 원 인상해 주기로 했다. 돈을 벌면서부터 여덟 살 터울의 동생 영선에게도 후하게 인심 쓰느라 용돈이 늘 부족하다는 걸 알기 때문이었다. 동생의 피아노 학원도 보내주는 언니였다. 어머니 입장에서는 그런 딸이 고마웠다. 하지만 정작 가연 씨는 동생에게 쓰는 돈 따위로 생색내고 싶은 생각 따위는 조금도 없었다. 오히려 동생을 위해 뭔가를 해 줄 수 있는 게 흐뭇했다. 음악에 소질이 있어 보이는 동생만큼은 자신이 돈 때문에 하고 싶던 공부를 할 수 없어 겪은 좌절감을 느끼지 않았으면 했다.

가연 씨는 중학생 때 그림을 배우고 싶었다. 매일 등하굣길에 미술 학원 간판만 쳐다보고 다녔지만, 부모님께 미술 학원에 보내달라는 말을 꺼낼 수가 없었다. 평소 돈 걱정이 많은 아빠에게 학원비 얘기를 꺼내는 것도 부담이었고, 그 무렵 대학 입시 준비 대신 음악학원을 다니는 오빠와 아빠 사이의 갈등 때문에 집안 분위기도 살벌했기 때문이다. 말 한 번 꺼내보지 못하고 미술학원을 포기하면서 마음속에는 응어리가 쌓였다. 그 마음을 알기에, 동생만큼은 그런 상처가 생기지 않았으면 했다.

어쨌든 동생 학원비, 책값, 용돈은 고정 지출이었다. 그러나 그 외 나머지는 스스로 생각에도 꼭 필요했나 싶은 지출이 많았다. 돈이 늘 부족할 때는 벼르고 별러서 하나를 사고는 했다. 그런데 돈을 벌면서부터는 사도 사도 사고 싶은 게 자꾸 생겼다.

"엄마, 돈 버는 건 더럽게 힘든데, 쓰는 건 한순간이야."

"돈 버는 게 얼마나 힘든지 알겠어? 너도 이제 아빠 이해하지?"

"다는 아니고 쪼끔."

웹툰 작가로 등단하고 1년 가까운 시간이 흘렀는데, 통장 잔고의 숫자는 별로 불지 않았다. 어쩜 이렇게 돈 쓸데가 많은지, 돈을 벌면서 비로소 느꼈다. 돈을 벌어보니, 수중에 있으면 있을수록 쓸 데도 많아지는 게 돈이었다. 통장을 잠깐 스치기만 하고 사라지는 원고료를 볼 때마다 절로 한숨이 났다.

혼자 벌어서 혼자 써도 돈 나가는 구멍이 이렇게 많은데, 아버지는 어땠을까 하는 생각이 처음으로 들었다. 그동안 혼자 벌어서 다섯 식구가 살 집 장만이며, 생활비, 교육비 등을 충당하느라 얼마나 힘이 들었을까. 그제야 아버지가 돈 얘기만 하면 왜 그렇게 한숨을 쉬었는지 조금 이해가 됐다.

가연 씨는 가계부를 다시 점검하면서 소비를 좀 더 계획적으로 바꾸고, 수입이 있을 때 잘 모아놔야겠다는 생각을 했다. 그래야 '그날'을 기약할 수 있기 때문이다. 이름하여 '꼰대로부터의 독립 기념일.' 그 첫 단계로 작업실 독립을 꿈꾸고 있다.

다음 날 오후, 가연 씨가 근처 부동산을 찾았다. 작업실로 쓸 원룸을 알아보러 나온 길이었다. 월세 20~30만 원대로 책상 두 개만 들어가면 되는 간단한 원룸이면 되었다.

부동산 중개업자는 젊었다. 어린 딸을 둔 엄마라고 자신을 소개하면서 겉으로 봐서는 그냥 어린 학생 같은데, 무슨 일로 원룸을 보러 그것도 혼자 왔는지 궁금해 했다. 미성년 신분을 속이고 원룸을 얻어서 동거하는 청소년들이 가끔 있어서라고 그 이유까지 친절하게 설명했다.

가연 씨는 자신을 웹툰 작가라고 소개를 하고, 집 가까운 곳에 작업실을 구하는 중이라고 하자, 그제야 마음을 놓는 듯했다.

웹툰 작업을 시작하면서 잠을 깊게 자본 적이 없었다. 작업과 수면이 한 공간에서 이뤄지다 보니 작업 능률도 그렇고, 시간 분배도

효율적이지가 않았다. 작업실을 얻으려는 건 그때문이었다.

　부모님은 물론 반대했지만, 가까운 곳에 작업실을 얻어서 출퇴근을 하면 부모님도 허락할 거라고 생각했다.

　중개업자는 원룸 세 곳을 보여주었다. 예닐곱 평 정도 되는 방에는 간단한 주방 설비와 냉장고, 작은 욕실이 딸려 있었다. 보증금 300만 원에 월세 30만 원짜리였다. 머릿속으로 계산기를 두드렸다. 월세에 매달 관리비, 살림을 하지 않아도 기본적으로 필요한 생필품 지출까지 생각하니 매달 50만 원, 어쩌면 그 이상의 고정 지출이 생길 것이다. 최소 지출로 매달 50만 원을 잡아도 1년이면 600만 원이었다.

아직은 살림까지 독립할 생각은 아니지만, 같은 조건이면 조금 더 큰 방이었으면 싶고, 월세와 관리비를 조금 덜 낼 수 있었으면 했다. 그러나 욕심에 딱 들어맞는 방을 만나기는 쉽지 않았다. 조건이 조금 더 좋은 방을 찾으면 월세가 올랐고, 월세가 낮으면 방이 마음에 들지 않았다.

독립은 머릿속에서 상상한 것처럼 마냥 낭만적이지만은 않았다. 독립이란, 그저 누구의 방해도 받지 않고 나만의 공간을 가지는 일만은 아니었다. 돈과 직결되는 현실이었다. 겨우 작업실을 독립하는 데도 적지 않은 돈이 드는데, 혼자 완전한 독립을 이루려면 얼마나 많은 돈이 들어갈까 생각하니 머리까지 지끈거렸다.

적당한 방을 찾는다고 해도 아직 해결해야 할 문제가 남아 있었다. 아직 미성년자이다 보니 계약을 하려면 부모님이 동행해야 한다. 동행하기 어렵다면 동의서랑 가족관계증명서랑 인감증명서를 떼어와야 계약을 할 수 있다.

성인이 아닌 미성년자의 독립은 혼자 할 수 있는 일이 아니었다. 작업실 임대료 정도는 스스로 벌 수 있는데도, 성인이 아니라는 이유로 제약을 받아야 하는 게 어쩐지 조금 억울하기도 했다.

원룸을 보고 나오면서 가연 씨는 집값에 대해 생각했다. 뉴스를 보면 매일 새로 지어지는 아파트가 수두룩하고, 이 동네만 해도 원룸

건물들이 빽빽하게 들어 차 있어도, 겨우 책상 두 개 들어갈 방 한 칸 찾는 게 이토록 어려울 줄은 미처 몰랐다. 그동안 막연하게 생각해왔던 돈의 의미가 갑자기 다르게 다가왔다.

열여덟 가연 씨에게 그동안 인생에서 가장 중요한 건 '꿈'이었다. 그다음은 글쓰기 그리고 행복이었다. 돈은 그저 살아가는 데 있으면 좋은 수단일 뿐이라고 생각했다. 돈 애기만 나오면 한숨을 쉬는 아빠 같은 사람을 속물이라고 생각했다.

그러나 돈을 벌고, 돈을 쓰고, 독립을 생각하면서 생각이 조금 바뀌었다. 돈을 버니 동생 학원도 보내줄 수 있었고, 마음껏 책을 사

볼 수도 있었다. 예전보다 용돈이 넉넉해지니 생활의 질이 높아졌다. 무엇보다 독립을 하려면 돈이 필요했다. 가연 씨의 인생에서 돈의 중요성에 별표 하나, 아니 두 개가 더 그려지는 순간이었다.

만날 돈, 돈, 돈 한다고 서운해 했던 아빠를, 이제는 조금 더 이해할 수 있을 것 같았다. 아버지에게 돈은 곧 가족에 대한 무거운 책임감이었던 것 같다.

가연 씨는 아직은 어른이 될 준비가 안 되었다는 생각이 들었다. 돈도 돈이지만 혼자 세상을 맞서는 것도 너무 무서웠다. 그래서 독립을 좀 더 미루기로 했다.

문학 소년은
어떻게 꼰대가 되었나

"대학을 왜 안 가? 아빠는 대학 가는 게 소원이었어.
걔는 시험에 붙었는데, 등록금이 없어서 못 갔어.
형이 너는 만날 눈만 뜨면 돈 달란다고 뭐라고 하니까
형한테 돈 달라기 미안해서."

하도 방안에만 있고 외출을 잘 하지 않아서 그런지 햇볕을 쬐면 두통이 일었다. 하지만 오늘만큼은 유난히 눈부신 아침 햇살이 가연 씨는 싫지 않았다. 차창 밖으로 흘러가는 눈 쌓인 들녘마저 포근해 보였다.

기차를 타는 건 처음이었다. 원래 여행 다니는 걸 별로 좋아하지 않는데, 혼자 하는 여행은 생각도 하지 않았다. 그런데 요즘은 아니다. 여행에도, 혼자 하는 것에도 관심이 생겼다.

가연 씨의 첫 번째 나 홀로 여행의 목적은 아버지의 어린 시절을

 엿보기 위해서다. 그래서 찾아가는 곳이 막내 고모가 사는 괴산이었다. 고모는 아버지의 어린 시절을 기억하는 가장 가까운 사람이었다. 고모를 통해 한 번도 만나본 적 없는 아버지의 과거를 찾아가는 길, 정말 미지의 세계로 들어가는 기분이었다.

 천안에 살았던 고모는 금형 회사를 운영하던 고모부가 은퇴한 후에 괴산으로 귀농했다. 딱 먹고 살 만큼만 농사짓느라 한가하다 말하지만, 고모는 마을 부녀회장인 데다 때마다 친척들에게 보낼 농산물이며 된장, 김장을 챙기느라 늘 바빴다.

"고모, 엄마한테 청국장 좀 그만 줘요. 만날 청국장만 끓인단 말이에요."

"아이고, 네 아빠가 좋아하는데 어떻게 안 줘? 아빠는 시골에서 자라서 이런 걸 좋아한단 말이야."

가연 씨가 고모와 콩을 고르며 투덜거렸다. 그래 봤자 고모는 아버지를 위해 청국장을 떨어뜨리지 않고 보낼 게 뻔했다. 식당을 운영했던 고모는 손맛이 좋고, 맛도 좋아 아빠가 잘 먹기도 했지만, 5남매 중 막내인 아버지의 바로 손위누이라 형제 중 가장 가까운 사람이었다. 그만큼 아버지에 대한 애정이 크다. 그랬기에 사춘기에 접어들면서 아버지를 자주 불평하던 가연 씨가 찾아와준 게 고모는 기특하고 고마웠다.

"너희 아빠는 어릴 때부터 참 착했어. 할아버지가 많이 편찮으셨는데, 아빠가 세 살 때부터 할아버지 요강도 비우고, 토한 것도 다 치우고 그랬어. 할아버지가 돌아가실 때까지 말이야."

얼굴 한 번 본 적 없는 할아버지는 아버지가 어릴 때부터 많이 편찮으셨다. 그래서 할머니가 과수원에서 과일을 떼어다 팔아 생계를 유지했고, 아직 젖도 못 뗀 아빠는 고모들이 돌봤다. 아빠는 고모들이 미음이나 죽을 쑤어 먹이며 업어 키운 아들 같은 막냇동생이었다.

아버지가 여섯 살 때 할아버지가 돌아가시자, 가족들은 서울로 이사를 했다. 가족들은 아버지와 스무 살 가까이 나이 차가 나는 큰아버지가 가구공장에 다니며 번 돈으로 생활했다. 큰 고모는 일찍 시집을 갔고, 고모도 학교에 다니는 대신 열여섯 살 때부터 일을 했다. 그래도 형편은 늘 빠듯했다.

"너희 아빠도 중학교 때 신문배달을 했어. 돈 벌어서 책 사고 공책 사고 그랬지."

"아빠가 그때 기억 때문에 내가 지금 일하는 걸 별로 안 좋아하나 봐요. 아빠는 제가 다시 학교에 다니길 바라고 있거든요. 대학 가라고."

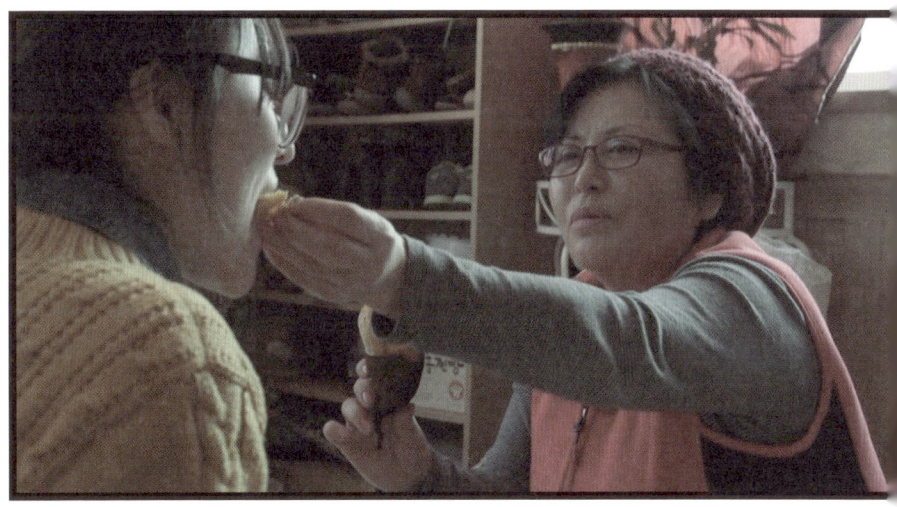

"대학을 왜 안 가? 아빠는 대학 가는 게 소원이었는데. 걔는 시험에 붙었는데, 등록금이 없어서 못 갔어. 형이 너는 만날 눈만 뜨면 돈 달란다고 뭐라고 하니까 형한테 돈 달래기 미안해서."

가연 씨는 큰아버지가 아버지더러 '눈만 뜨면 돈 달라고 하는 녀석'이라고 했다는 말을 듣자, 돈 얘기에 한숨 쉬던 아버지가 생각났다. 아버지가 돈 얘기를 부담스러워하신 이유를 알 것 같았다.

그 시절의 아버지는 1등을 놓치지 않던 수재였단다. 늘 반장을 도맡아했고, 학교에서 돌아오면 나가 놀지도 않고 매일 책만 들여다봤다. 아버지는 대학에 진학해 문학을 공부하고 싶었지만, 그러지 못했다. 큰아버지가 공업고등학교를 가라고 했기 때문이었다. 국공립학교인 공고에 들어가면 장학금이 보장됐고, 졸업하면 곧장 취업할 수 있었다. 아버지는 큰아버지 말씀대로 군말 없이 공고로 진학했고, 대학 진학의 꿈은 그렇게 물거품이 됐다.

큰아버지도 작은아버지도 결혼해서 건사해야 할 식구가 늘었고, 누나들은 중학교 공부도 제대로 못 마친 형편에 아버지는 혼자만 공부하겠다고 고집할 수가 없었던 것이다.

"지금까지도 너희 아빠는 그게 많이 후회되나 봐. 걔가 순한데 가끔 술 한 잔 먹으면 할머니랑 형들한테 막 주정을 하더라고. 대학 못 가게 했다고."

가연 씨는 지금의 아버지를 떠올리면 책을 좋아하고 문학가를 꿈꿨다는 청소년기의 아버지가 도무지 상상이 안 갔다. 그러고 보니 자신은 삼 남매 가운데 누구보다 아버지를 닮은 딸이었다. 지금 자신에게 책을 읽지 말라고 하고, 글을 쓰지 말라고 하는 건 숨을 쉬지 말라는 것과 같았다. 그렇게 생각하니 그때의 아버지가 조금 안쓰러웠다. 그 어린 나이에 하고 싶은 공부를, 꿈을 포기해야 했던 아버지 심정은 어땠을까. 아버지가 왜 그렇게 대학 진학을 강조했는지도 알 것 같았다. 당신은 형편이 어려워 가고 싶어도 못 갔던 대학이니 자식들만큼은 어떻게든 보내주고 싶었을 것이다. 그런 아버지 마음이 어느 정도 헤아려졌다.

하지만 그렇다고 아버지 생각에 완전히 동의하는 것은 아니다. 아버지는 아버지고, 자신은 정가연이다. 자신은 아버지와 달리 대학이 필수라고 생각하지 않는다. 게다가 지금은 대학을 졸업하지 않아도 꿈을 실현할 수 있는 길은 많다고 생각한다. 이해하는 것과 아버지가 꼰대가 아닌 건 아니다.

고모 눈에는 그런 모습이 마치 막냇동생이었던 아버지와 똑같아 보였던 모양이다. 글 쓰는 재능도 그렇고 야무진 것도 그렇지만, 제가 옳다고 믿으면 고집스럽게 그것만 바라보는 게 무엇보다 그랬다.

고모 생각에는 아버지가 자신을 닮은 딸이라 유독 가연이를 더 아끼는가 싶기도 했다.

"얼마 전에 네 아빠가 김장 가지러 와서 네 자랑을 얼마나 하던지."

"뭐라고 해요?"

"가연이가 자퇴해서 걱정했는데, 열심히 작가의 길을 걷는다고 좋아하더라. 네가 총각김치랑 동치미 좋아한다고 많이 가져갔어."

그랬다. 아버지는 다른 때보다 더 많이 김치를 가져왔고, 가연 씨는 그 김치를 지금 맛있게 먹고 있다.

가연 씨도 안다. 아버지가 삼 남매 중에서 첫째인 오빠니 막내인 영선이보다 자신을 제일 예뻐하고 믿어주는 걸 말이다. 어릴 때부터 그랬다. 아버지는 자신의 말이라면 콩으로 메주를 쑨다고 해도 믿어주었다. 하지만 아버지는 그 마음을 평소에 따뜻한 말이나 표현으로 직접 드러낸 적은 없다. 어떤 경우건 그저 크게 말리거나 야단을 치지 않고 묵묵히 지켜보는 것이 표현 방법이었다.

그나마 직접 표현하는 경우는 가연 씨를 아는 주변 사람에게 그 애정을 에둘러 털어놓는 것이다. 아버지가 홍길동도 아니고 왜 딸 앞에서는 '내가 널 많이 사랑한다'고 직접 말하지 못하는지 가연 씨는 이해가 가지 않는다. 꿈이 문학도였다던 아버지가 어쩌다 그렇게 감정표현에 인색하고 메마른 사람이 된 걸까.

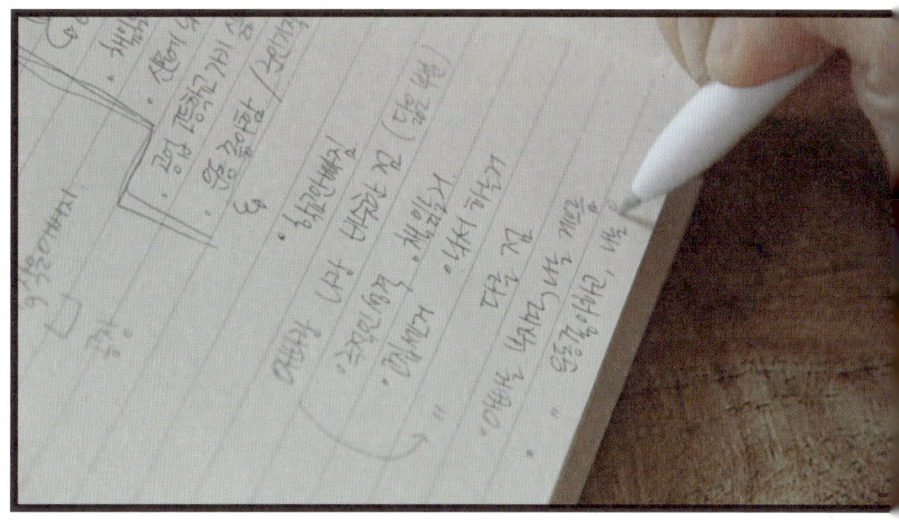

　고모에게서 전해 들은 아버지의 인생을 되짚어봤다. 아버지를 일찍 여읜 탓에 중학교 때부터 신문 배달로 돈을 벌어 학비에 보태야 했고, 대학 진학의 꿈을 접고 공고로 진학해 졸업 후 곧바로 건축설계 사무소에 취직해야 했던 소년. 한 치의 오차도 허용하지 않는 꼼꼼한 설계 작업을 하면서 더 이상 그는 문학 소년일 수 없었을 것이다.

　게다가 군 복무 중에 만난 아내와 결혼해 가정을 꾸리면서, 가장이라는 무게가 더해지면서 그의 꿈은 점점 더 멀어져 갔을 것이다. 아이가 태어나면서 그는 자신의 꿈보다는 아이의 꿈을 위한 수호자가 되기로 결심했을 것이다. 아이가 돈이 없어 대학을 포기하는 일이 없도록 열심히 앞만 보고, 아니 돈을 보고 달렸을 것이다. 돈을

벌어야 한다는 아버지로서의 책임감은 엄청난 무게의 부담으로 아버지를 짓눌렀을 것이다. 그렇게 아버지는 꿈을 잃어버린 꼰대가 되었을 것이다.

그런 생각을 하고 있자니 가연 씨는 아버지가 안타까웠다. 돈에 대한 책임감이 아니라 다른 책임감에 더 애를 썼다면 좋았을 거라는 생각이 들었기 때문이다.

어린 가연 씨에게 필요로 했던 건 돈이 아니라 아버지의 사소한 관심이었다. 오늘 하루 학교에서 어떻게 지냈고, 주말에는 아빠와 어딜 가고 싶은지 물어봐 주는, 입학식과 졸업식 때 나란히 서서 기념사진을 찍는 그런 아버지의 관심 말이다.

술 마시고 들어와 술 냄새를 풍기면서 작업하는 자신을 붙들고, 했던 말 하고 또 하지 말았어야 했다. 맨정신으로 자식들과 대화를 하고 즐거운 시간을 보낼 수 있는 그런 자상하고 친근한 아빠가 자식들에게는 돈보다 더 필요했다.

평소에 대화를 많이 하는 사이였더라면, 아버지의 어린 시절 얘기를 고모가 아닌 아버지에게서 직접 들었을 것이다. 괴산에 있는 고모보다 같은 집에 사는 아버지에게 더 거리감을 느끼고 있다는 사실이 가연 씨는 너무 안타까웠다.

아버지는 오늘도 버틴다

"나도 아빠 회사가 적성에 안 맞았어."
"아빠가 회사를 적성에 맞아서 다니냐?
우리 가족 먹고 살려고 다니는 거지."

　새벽 6시 반, 알람이 요란하게 울렸다. 웹툰 작업을 하느라 새벽 2시가 넘어서야 겨우 잠자리에 들었다. 떠지지 않는 눈을 겨우 떴다. 7시 반이 돼서야 꾸역꾸역 현관을 나섰다.
　안산에서 지하철 4호선을 타고, 금정역까지 가서 다시 1호선으로 환승을 해야 한다. 시간이 지날수록 지하철 안은 출근하는 직장인들, 등교하는 학생들로 붐볐다. 북적이는 사람들 틈에서 오늘 하루를 상상해 보니 벌써부터 머리가 지끈거렸다.
　가연 씨는 오늘부터 이틀 간 아버지 회사에서 인턴 체험을 하기로 되어 있다.

 사무실에 미리 도착해 있던 아버지는 시간이 9시가 넘자 괜한 걱정이 일었다.
 중학교 때 학교에 간다고 집을 나가서는 옆길로 샜던 것처럼 딴 데로 샌 건가, 아니면 집으로 돌아간 건가? 이것도 저것도 아니면 무슨 일이 생겼나? 분명 집에서는 자신보다 먼저 나간 딸이었다. 같이 출근을 해도 되는 길인데, 가연 씨가 굳이 혼자 출근하는 길을 택했다. 이왕 하는 거 남들과 똑같이 해보고 싶다고 했다. 그런 딸이 늦으니 아버지는 걱정이 안 될 수가 없었다.
 방향치여서 길을 조금 헤맨 가연 씨는 15분쯤 지각을 했다. 아버지는 가연 씨를 데리고 사장님과 회장님께 차례로 인사를 시켰다.

"원래 사무실에서는 모자 쓰는 거 아니야?"

"사장님이랑 회장님 본다고 미리 얘기해줬으면 모자 안 쓰고 왔잖아요."

그동안 혼자서 일하던 가연 씨는 이렇게 사람 많은 공간 자체가 어색하고 부담스럽다. 그러니 사무실에서의 옷차림이나 할 일에 대해 조금이라도 미리 귀띔을 해줬다면 좋았을 텐데 싶어 괜히 아버지가 원망스러웠다.

자리에 앉으니 아침에 먹은 것도 없는데 속이 더부룩해 왔다.

아버지가 다니는 회사는 각종 건축에 들어가는 전기 설계, 그 중에서도 터널이나 고층 빌딩의 항공장애 등 같은 전기 설계를 주로 담당하는 곳이다. 직원들은 일제히 책상 앞 모니터 앞에 앉아 복잡한 설계도면을 뚫어지라 들여다보고 있었다. 간간이 키보드 두드리는 소리만 들려오는 사무실 안은 숨이 막힐 것처럼 조용했다. 가연 씨는 이곳에서 내가 뭘 할 수 있을까 생각했다.

그때 아버지가 도면 몇 장과 USB 저장장치 하나를 챙겨왔다.

"이 도면 보고서에서 문자만 한글 프로그램에 그대로 옮겨 적어."

터널 전력과 건설업 산업안전보건관리비 사용기준 어쩌고 하는 도면들은 어렵고 뜻도 모르는 복잡한 용어들로 가득했다. 하지만 아무리 용어가 어려워도 한글을 치는 건 가능한 일이었다. 그제야 가연 씨는 큰 숨을 내쉬며, 한글 문서를 열고 타이핑을 시작했다.

아버지가 딸의 인턴 체험을 받아들인 건 두 가지 이유에서였다. 아버지가 하는 일을 직접 본다면 좀 더 자신을 이해할 수 있을지도 모른다는 기대감과, 집에만 틀어박혀 있는 딸이 다른 세상을 경험할 수 있는 좋은 기회가 될 것 같아서였다.

의도는 좋았지만, 실제로 회사에서 전문가가 아닌 사람이 할 수 있는 일은 거의 없었다. 대학에서 전기 설계를 몇 년씩 전공한 사람도 입사 후 2년간은 독자적으로 설계하기가 어려운 분야였다. 그러니 그나마 할 수 있는 일이라고는 타이핑이나 복사 정도의 간단한 일거리일 뿐이다. 하지만 그 정도, 체험으로도 좋은 경험이 될 수 있을 거라고 아버지는 생각했다.

한 시간쯤 지났을까. 가연 씨는 슬슬 지겨워지기 시작했다. 자신이 지금 여기 왜 있어야 하는지, 도대체 지금 여기서 뭘 하고 있는지 모르겠다는 생각이 들었다. 자신이 상상하던 사무실과는 달라도 너무나 다른 모습이었다.

가연 씨가 상상하는 사무실은 넓찍한 책상이 간간이 놓여 있고, 자유로운 복장의 사람들이 자유롭게 서로 의견을 주고받으며 일하는, 〈인턴〉이라는 할리우드 영화 속에서 앤 해서웨이가 일하는

사무실이었다.

　그러나 현실의 사무실은 그것과는 전혀 달랐다. 창살만 없다 뿐이지 마치 숨을 죄는 감옥 같았다. 주위는 온통 복잡한 설계도면과 씨름 하느라 바쁜 사람들뿐이다. 그나마 간간이 들리는 대화 소리에는 알아들을 수 없는 복잡한 용어들만 가득했다.

그렇게 답답한 공간 속에서 가연 씨에게 색다르게 다가온 이미지가 있었다. 그건 뜻밖에도 아버지였다.

직책이 영업과 수주 담당 전무인 사무실에서의 아버지는 집에서 보던 아버지와는 사뭇 달랐다. 집에서 트레이닝복을 입고 골프 채널만 보는 아버지는 영락없는 동네 백수였는데, 와이셔츠에 넥타이를 갖춰 입고 사무실에서 일하는 아버지의 모습은 말 그대로 베테랑이었다. 복잡한 설계도가 그려진 커다란 도면을 들여다보며 어디가 잘못됐고 어떻게 수정해야 하는지 부하 직원에게 하나하나 설명하는 아버지는 지금까지 알던 그 아버지가 아닌 것 같았다. 아버지가 그렇게 많은 말을 하는 걸 처음 봤다. 오늘 가연 씨의 눈에 비친 아버지는 '님 좀 짱'이었다.

"가연아, 아빠 회사 와 보니까 어때?"

구내식당에서 점심을 먹으며 아버지가 물었다.

"재미없어."

"재미없어? 아빠가 재미로 회사 다니냐? 아빠 회사가 어딘지도 몰랐지?"

"아빠는 내가 어느 학교 다니는지 알았어?"

"그럼."

"어디? 1학년 때 내가 몇 반이었는데?"

"3반."

"헐."

"2반이냐?"

"헐."

아버지에게 괜한 반발심이 들어 퉁명스럽게 받아쳤지만, 생각해보니 아버지 말이 틀린 것도 아니었다. 아버지가 무슨 일을 하는지, 회사가 어디에 있는지, 출퇴근을 얼마나 힘들게 하고 있는지 생각해본

적이 없었다. 그동안 아버지가 자신에게 무심하다고만 생각했지, 정작 자신도 아버지에 대해 아는 게 없다는 생각은 해보질 않았다.

아는 만큼 이해할 수 있는 법인데, 이토록 서로 아는 게 없는 걸 보면 서로에 대한 이해의 폭이 좁았던 건 당연했다. 마무리 부녀지간이라지만, 대화가 없으면 서로에 대해 아는 게 없을 수밖에 없다.

아버지 회사에서 인턴을 하기로 결정했던 것도 아버지를 이해하는 시간을 갖기 위해서였다. 그런데 막상 딱딱한 사무실 공간과 억누르는 분위기를 견디기가 힘들어 자신이 인턴을 시작한 목적을 잊고 있었다.

다음날은 서둘러 타이핑 작업을 끝내고는 노트를 펼쳐 들고 아버

지와 마주 앉았다.

"아빠, 연세가 어떻게 되세요?"

"아빠 나이도 모르냐? 아빠 61년생이니까 55세지. 소띠"

"아, 엄마가 그랬어. 아빠 소띠라서 소처럼 일한다고."

아버지는 늘 새벽에 출근해서 저녁 늦게 퇴근했다. 물론 늦은 퇴근은 거의 술 때문이지만, 지금까지 한 길만 쭉 걸어왔다는 건 분명 그 분야에서 열심히 일해 왔다는 뜻일 것이다. 아버지는 고등학교를 졸업한 뒤 전기 설계를 시작해 올해로 35년째다. 그리고 지금까지 이렇게 지겹고 어려운 일을 30년이 넘게 해왔다면 그건 당연히 아버지 적성에 맞아서일 거라고 생각했다. 아버지의 꿈이 따로 있었다는 사실을 알기 전까지는 말이다.

"아빠는 내가 학교 자퇴하고 웹툰 한다는 거 알았을 때 어땠어?"

"불안했지."

"왜요?"

"아빠 세대는 그렇거든. 인맥, 학연, 지연으로 복잡하게 얽혀 있어서 아무리 똑똑해도 혼자서는 잘 살기 힘들었어. 네가 힘들고 어려울 때, 너를 도와줄 수 있는 사람들이 다 교수고, 친구들이고 그런 거거든. 그런 것도 없이 혼자서 인생을 살아간다는 건 폭풍우 칠 때 돛단배로 태평양을 항해하는 거랑 똑같은 거야."

아버지는 딸이 일반적인 인생 궤도를 벗어났다는 게 여전히 불안했다. 게다가 웹툰 작가라는 직업도 불안정해서 썩 마음에 들지 않았다.

아버지에게 직업의 첫째 조건은 아직도 얼마나 안정적인가 하는 것이었다. 아버지에게 대학은 인생에서 꼭 필요한 동아줄이었다. 돈이 없어서 대학을 포기해야 했던 아버지는 어떻게든 안정적인 가정을 꾸리는 게 지상 최대의 목표였다. 그래야 자식들을 대학에 보낼 수 있다고 믿었기 때문이다.

그런데 대학을 보내 준대도 삼 남매 중 둘이 대학 진학을 포기해버렸다. 특히 둘째인 딸은 대학은커녕 고등학교마저 자퇴해버렸다. 그때 아버지는 드러내놓고 말은 하지 않았지만, 심장이 철렁 내려앉았다. 석사, 박사까지 한 고학력자들도 좋은 직장에 들어가기가 점점 더 어려워지는 세상에서, 고등학교 졸업장마저 없이 어떻게 세상을 살아갈지 걱정이 부풀어 올랐다.

하나 남은 희망이라면 아직은 나이 어린 딸이라 기회가 남아 있다는 거였다. 공부는 다 때가 있는 법이고, 그때를 놓치면 후회밖에 남지 않는다. 그때를 잃어 본 아버지로서는 그게 가장 큰 걱정이었다.

아버지는 지금이라도 딸이 대학을 목표로 공부했으면 좋겠다는 바람을 갖고 있다. 지금 당장은 아니더라도 언젠가 반드시 필요성을

느낄 날이 있을 거고, 그때가 되면 뒤늦게 후회하고 마음고생 할까 봐 아버지는 걱정이었다.

　가연 씨는 그런 아버지의 확신이 마음에 와 닿지 않았다. 왜 어른들은 학연이니 지연이니 인맥이니 하는 걸 그렇게 중요하게 생각하는지 이해할 수 없었다. 지금 자신은 일하면서 어른들이 중요하다고 말하는 그 어느 것에도 얽매이지 않지만 불편한 게 없었다. 또 언젠가 또 다른 꿈이 생기더라도 지금과 별반 다르지 않을 것이라 믿는다. 아버지 때와 지금은 세상이 많이 달라졌다. 스스로 좋아하고 잘 할 수 있는 일을 열심히 하면 얼마든지 잘 살아갈 수 있다. 그게 가연 씨의 생각이었다.

37년 세월의 틈, 그리고 소통의 부재가 벌려놓은 아버지와 딸 사이가 제대로 이어지기엔 이틀이라는 시간은 너무 짧았다.

며칠 뒤 주말, 모처럼 아버지가 집에 있다. 1년 가운데 두 번, 여름과 겨울, 아버지의 골프도 방학을 맞는다. 아무리 골프가 좋아도 필드에 나가기에 7, 8월은 너무 덥고, 12월과 1월은 너무 추웠다. 방에서 골프 채널에 빠져 필드에 못 나간 아쉬움을 달래는 아버지에게 가연 씨가 SOS를 청했다. 채색 보조를 청한 것이다.

"이게 아빠 캐릭터에요."

"아빠가 이렇게 못생겼냐?"

가연 씨가 그린 아빠 캐릭터는 술에 절어 눈이 퀭한 토끼였다. 평소 아빠에 대한 생각이 고스란히 담긴 캐릭터였다.

전기 설계도 외에 그림이라고는 그려본 적이 없는 아버지는 난생처음 보는 기계 앞에서 당황스러웠다. 그런 아버지에게 차근차근 채색 과정과 방법을 설명한다.

"펜을 태블릿에다 대고 세게 누르면 진하게 채색이 되고. 힘을 덜 주면 연하게 채색돼요. 이게 엄청 중요해요. 필압이 망가지면 그림도 망하는 거죠."

아버지는 컴퓨터 앞에서 뚝딱 그려내는 웹툰을 간단한 작업이라고 생각했다. 하지만 막상 해보니, 작업 과정은 생각보다 복잡하고 어려웠다.

그림을 하나씩 그리고 색을 칠할 때마다 레이어를 따로 설정해야 한다는 둥, 여분선 위에 색을 칠하면 안 된다는 둥, 알아야 할 게 너무 많았다. 아직 시작한 지 1년도 채 안 되어 이 복잡한 걸 다 독학으로 터득했다는 딸이, 아버지는 이제 대견하기조차 했다.

"가연아, 아빠는 적성에 안 맞는다. 숨이 멎을 것 같아."

"나도 아빠 회사가 적성에 안 맞았어."

"아빠가 회사를 적성에 맞아서 다니냐? 우리 가족 먹고 살려고 다니는 거지."

"그래도 그 일이 아빠한테 맞으니까 아빠가 지금까지 할 수 있었

던 거 아니에요?"

"안 맞았거든? 적성에."

아버지는 딸 앞에서 처음으로 진심을 꺼내 놓았다. 아버지는 사실 내성적인 성격이라 사람 만나는 걸 별로 즐기지 않았다. 아버지가 문학 소년일 수밖에 없었던 것도 혼자 책 읽고 사색하고 글 쓰는 걸 좋아해서였다.

그런 아버지가 한 치의 오차도 허락하지 않는 전기 설계도면과 씨름을 하는 것도 힘들었지만, 그보다 더 어려운 건 거래처를 다니며 영업을 하고 전기 설계 수주를 따오는 일이었다. 적성에 맞지 않았지만 그만둘 수 없었다. 책임져야 할 가족이 있기 때문이다.

그 일을 하면서 아버지는 성격도 많이 바뀌었다. 회사에서 본 아버지가 달라 보인 건 그래서였다. 아버지는 그 오랜 기간 가족을 위해 자신과 싸움을 해온 거였다.

앞으로도 아버지는 그렇게 버틸 것이다. 아들과 두 딸을 출가 시키고 부부의 노후가 보장될 때까지 당신 자신이기보다 오직 아버지와 가장이라는 이름으로 적성과는 거리가 먼 인생길 위에서 꿋꿋이 버틸 것이다.

누가 뭐래도 아빠 딸

책을 좋아하는 것도 그렇지만, 집에 있기 좋아하는 성격도,
한 번 아니면 끝까지 아닌 고집도, 요리를 못하는 것도 닮았다.
'나', 누가 뭐래도 아빠 딸이다.

"영선아, 체중을 뒤로 실어. 허리를 반듯하게 세우고 아빠처럼 타 봐."

막내 영선이에게 썰매 타는 법을 알려준다더니 더 신이 난 쪽은 아버지였다. 왕년에 썰매타기 대회 챔피언이기라도 한 듯, 아버지는 얼음판 위를 이리저리 자유자재로 미끄러졌다.

가평에 있는 글램핑장으로 가족이 겨울여행을 왔다. 가족이 캠핑을 온 것도 처음이지만 함께 여행하는 것이 얼마만인지 모르겠다.

사실 딱히 가족여행에 대한 기대가 없었다. 집에서 새는 바가지 밖에서도 샌다고, 평소에도 자녀들과 함께 시간을 보내는 법이 없는

아버지는 여행지에서도 마찬가지였기 때문이다. 그런데 이번에는 달랐다. 아버지가 막내 영선과 저렇게 잘 놀아줄지 몰랐다. 아버지 무릎에 앉아 함께 얼음을 지치며 활짝 웃는 동생을 보니 가연 씨 기분도 덩달아 좋았다.

게다가 오늘 저녁은 아버지가 요리사로 나섰다. 메인 메뉴는 닭개장이었다. 포부는 거창하지만 레시피대로 잘할 수 있을지 걱정이다.

"일단 닭을 푹 삶고, 익으면 식혀서 찢어. 찢은 닭을 다시 육수에 넣고 고사리랑 숙주나물이랑 파, 마늘, 고추 넣고 양념으로 간을 해주면 되지. 그런데 닭개장에 된장을 넣나?"

닭개장을 목표로 한 아버지의 요리가 이번에는 무엇이 되어 식탁 위에 오를까? 사실 아버지의 요리를 그다지 기대하지 않는다.

언젠가 한 번은 산 닭을 직접 잡아 백숙을 끓여주겠다고 팔을 걷어붙인 적이 있었다. 아버지는 닭의 멱을 딴 다음, 털을 뽑겠다고 물을 끓였다. 그런데 끓는 물에 넣으려던 순간 죽은 줄 알았던 닭이 갑자기 푸드덕거리며 일어나더니 도망을 치기 시작해 모두들 혼비백산했던 기억이 있다.

또 한 번은 삼계탕에 도전한 적도 있었다. 그때는 백숙, 황기 등 마트에서 파는 삼계탕 재료에 닭만 넣고 삶기만 하면 되었다. 그런데도 정작 식탁에 올라온 요리는 아버지 손끝에서는 '이름 모를 탕'이었다.

지금도 그 맛을 상상하면 진저리가 쳐질 정도다. 그런 아버지가 다시 또 닭요리에 도전한다니 끈기 하나는 정말 인정해야겠다.

요즘은 요리하는 남자가 대세라지만, 아버지는 당신이 요리를 못하는 게 당연한 시대를 살았다고 주장했다. 사실 그때는 아들이 부엌에 들어가면 고추 떨어진다고 잔소리를 듣는 시대였다. 그랬는데, 요즘은 텔레비전만 틀면 남자 셰프들이 나와 현란한 칼솜씨를 자랑하질 않나 듣도 보도 못한 요리들을 해내는 걸 보면 눈이 휘둥그레질 수밖에 없다.

그런 사람들 때문에 남자들이 살기 힘들다고 투덜대면서도 아버지는 요리하는 걸 싫어하지 않는다. 서툰 솜씨로 파를 썰고 닭을 찢어 정성을 들여 닭개장을 끓였다. 시험을 보는 것도 아닌데 괜히 긴장되기까지 했다. 아버지에겐 가족들에게서 오랜만에 점수를 딸 기회였다. 맛은 아직 모르겠지만, 냄새와 모양은 꽤 그럴싸했다.

"자, 다들 맛있게 먹어."

한껏 긴장한 아버지가 요리를 그럴듯하게 차려놨지만 가연 씨는 선뜻 숟가락이 가지 않았다.

"가연아, 안 먹어?"

"난 지금 배가 불러서."

비위가 약한 가연 씨는 자꾸만 언젠가 아버지가 끓였던 기름 둥둥 삼계탕이 생각나 먹을 수가 없었다. 그런 모습을 옆에서 보던 어머니가 한마디 한다.

"그래도 끓인 사람의 성의가 있지, 어떻게 안 먹으려고 그래."

결국, 마지못해 숟가락을 들고, 눈을 질끈 감고 국물 한 숟가락을 떠먹었다. 감칠맛은 좀 부족했지만, 예전 삼계탕에 비하면 먹을 만했다.

"괜찮은데?"

그 모습에 아버지는 안도의 숨을 내쉬었다. 가족들의 칭찬에도 불구하고 정작 아버지는 자신이 끓인 닭개장이 마음에 들지 않았다.

간은 싱거웠고, 숙주나물은 너무 푹 익어 물렀다. 그래도 맛있게 먹어주는 식구들을 보면서 왠지 마음이 따뜻해졌다.

한 가지 아쉬움이라면 아들이 공연 때문에 이번 여행을 함께 못 온 것이었다. 아버지는 가족들과 이런 시간을 왜 좀 더 자주 갖지 못 했는지 새삼 안타까웠다. 물론 평소에도 마음이 없었던 건 아니었지만 먹고 사는 일이 우선순위였던 현실 앞에서 항상 뒷전으로 미뤄질 수밖에 없었다.

언제부터 우리 사회에서는 평생직장이라는 개념이 사라졌다. 특히 IMF라는 경제의 암흑기를 지나는 과정에서 언제 회사에서 해고 통보를 받게 될지 몰라 전전긍긍하던 시절을 아버지 또한 겪었다. 사오정(45세에 정년퇴직)이니, 오륙도(50~60대에도 일하면 도둑놈)니 하는 반갑지 않은 유행어에 벌벌 떨어야 하는 가장의 심정을 가장이 아니고서야 누가 알겠는가. 아이들이 모두 자립하고 노후대책을 세울 때까지 직장에서 어떻게든 버티기 위해 일에만 몰두하다 보니, 어느새 가족들에게는 재미없는 아버지, 무심한 가장이 되어 있었다.

저녁을 먹고 나서 가연 씨는 아빠와 그동안 서로를 향해 덮어두기만 했던 묵은 마음을 털어놓았다.

"나는 아빠한테 자퇴했다는 이야기 분명히 했는데 왜 아빠는 못 들었다고 그랬어?"

"장난인 줄 알았지."

"아우 저 봐. 내가 말하면 다 장난이래."

사실 아버지는 귀담아듣지 않은 게 아니라 인정할 수 없던 거였다. 딸의 자퇴를 절대 허락할 수 없었기 때문이다.

그런데 이미 자퇴를 해버린 걸 알았을 때, 딸에 대한 실망은 너무 컸다. 그 앞에서는 내색하지 않았지만, 아버지는 혼자 마음의 방황을 했다. 우리 딸이 이러다 잘못되는 거 아닌가, 부모가 돼서 이렇게 내버려둬도 되는가 싶어 내내 두려웠던 것이다.

가연 씨는 아버지가 그런 마음을 곧바로 표현하지 않았다는 것도 서운했지만, 자신이 학교생활을 얼마나 힘들어 해왔는지 아버지가 몰랐다는 게 더 서운했다. 물론 그게 마냥 아버지 탓이라고만은 할 수 없었다. 자신도 더 진지하고 적극적으로 아버지에게 설명하고 이해를 구하지 못했기 때문이다.

"아빠, 나는 학교라는 공간 자체가 너무 싫었어. 학교 문턱을 밟는 순간 체해서 밥도 못 먹었어."

중학교 3년을 정가연은 그렇게 보냈다. 그때문에 어머니는 숱하게 학교를 들락날락해야 했다. 죽을 싸서 학교에 오거나 병원에서 진단서를 떼어다 제출하거나 그마저도 안 되면 딸은 결국 결석을 했다.

그렇게 다시 고등학교 3년을 반복해야 한다고 생각하니 가연 씨는 죽을 거 같았다.

아버지가 그런 딸의 학교생활을 전혀 모르지 않았다. 부모가 어떻게 자식의 고통을 모를 수 있겠는가? 다만 모른 척했던 건 그렇게 힘든 시간도 견딜 줄 알아야 한다고 생각했기 때문이다. 그렇게 남들처럼 참기도 하고 버티기도 하고 이겨내기도 하면서 인생을 평범하게 살아갔으면 했기 때문이다.

어차피 돌이킬 수 없어진 지금, 아버지도 딸의 자퇴를 받아들였다. 자퇴하고 옆길로 새거나 말썽부리지 않고 웹툰 작가로 등단한 게

은근히 자랑스러운 것도 사실이었다. 글 쓰는 재주는 소싯적에 책 좀 읽고 문학가를 꿈꿨던 아버지를 닮은 게지, 누가 뭐래도 너는 내 딸인 게지 싶었던 것이다.

다만 아버지가 여전히 포기하지 못하는 건, 바로 대학이었다.

"아빠가 너한테 부탁하고 싶은 거는 언젠가 대학에 갔으면 해. 아빠가 늙어서 고리타분해서 그럴지도 모르겠지만, 솔직히 인생을 살다 보면 학벌도 인맥도 중요하거든."

아버지는 아직 포기가 안 되는 모양이다. 하지만 그 바람이 아버지를 위해서가 아니라 가연 씨 자신을 위한 말이라는 걸 이제는 안다. 그래서 예전처럼 마냥 귀를 닫지만은 않기로 했다.

가연 씨는 아버지에게 자신의 바람도 이야기했다. 그건 바로 오늘처럼 자신의 이야기를 진지하게 귀담아들어 주는 것이었다.

사실 그건 이미 아버지가 깨달은 바였다. 오늘 그저 잠시 함께 놀

아준 것만으로도 즐거워하는 딸아이들을 보며, 자식들이 진심으로 바라는 게 얼마나 소박한 것인지 새삼 깨달은 것이다. 이렇게 소소한 일상을 함께 하면서 나누는 게 진짜 대화라는 것도 알았다.

새해를 맞아 떠난 첫 가족 캠핑은 그것만으로도 충분히 의미가 있었다. 어머니는 종종 이런 시간을 가졌으면 했다.

"가연아, 내년에 또 캠핑 올까?"

"아니 너무 힘들어. 난 그냥 집에서 텔레비전이나 보고 싶어."

"당신은 어땠어?"

"힘들었지."

"누가 정 씨들 아니랄까 봐, 어쩜 그렇게 답이 똑같아?"

"엄마, 우리 이런 데는 10주년마다 한 번씩 오자."

책을 좋아하는 것도 그렇지만, 집에 있기 좋아하는 성격도, 한 번 아니면 끝까지 아닌 고집도, 요리를 못 하는 것도 닮았다. '나' 누가 뭐래도 아빠 딸이다.